AF886379

ACCESO GRATUITO DURANTE UN AÑO AL eBOOK Y/O AUDIOLIBRO **ADQUIRIDOS A TRAVÉS DE AMAZON**

Si ha adquirido este libro a través de **Amazon**, puede solicitar acceso gratuito a su versión digital durante **un año de forma gratuita**. Siga estos pasos:

¿Cómo solicitarlo?

1. Envíe un **correo electrónico a info@colex.es** con el asunto: **«Solicitud de eBook - [Título del libro]»**.
2. **Adjunte la factura de compra** de Amazon como comprobante.
3. Indique en el cuerpo del correo:
   - Su **nombre completo**.
   - Su **dirección de correo electrónico**.
     (para activar su cuenta en **www.colex.es**, si aún no está registrada).
4. **Una vez verificada la compra, recibirá un código de activación** para canjear en www.colex.es

✓ Una vez se valide el código, aparecerá una ventana de confirmación y su eBook y/o audiolibro estará disponible **durante 1 año desde su activación** en la pestaña «Mis libros» en el menú de usuario.

— Para más información y acceso a su código, visite: www.colex.es —

* Los audiolibros están disponibles en las ediciones más recientes de nuestras obras. Se excluyen expresamente las colecciones «Códigos comentados», «Biblioteca digital» y los productos de www.vademecumlegal.es.

No se admitirá la devolución si el código promocional ha sido manipulado y/o utilizado.

INTRODUCCIÓN AL DERECHO DE LA COMPETENCIA

INTRODUCCIÓN AL DERECHO DE LA COMPETENCIA

Miguel Ángel Tenas Alós

This work was partially funded by Departamento de Educación, Ciencia y Universidades, from the Gobierno de Aragón (Spain) (Research Group S07_23R, ECONOMIUS-J)

COLEX 2025

Calle Costa Rica, número 5, 3.º B (local comercial)
A Coruña, C.P. 15004
info@colex.es
www.colex.es

I.S.B.N.: 978-84-1194-940-8
Depósito legal: C 303-2025

Para mi pequeño Arturo, quien no tiene competencia,
pero ya me ha enseñado que el amor siempre gana.

Que tu vida sea tan brillante como el
primer destello de tu sonrisa.

SUMARIO

PRÓLOGO

Prólogo 13

TEMA 1
INTRODUCCIÓN AL DERECHO MERCANTIL: CONCEPTO Y FUENTES

1. Concepto de Derecho Mercantil 17
1.1. Concepto 18
1.2. Contenido sistemático 24
2. Fuentes del Derecho Mercantil 30
2.1. Fuentes normativas 30
2.2. La Ley mercantil 32

TEMA 2
INTRODUCCIÓN A LA DEFENSA DE LA COMPETENCIA

1. Diferenciación entre defensa de la competencia y competencia desleal 37
2. El concepto económico de competencia 39
3. Derecho de libre competencia 43
4. Derecho de la Unión Europea 46
4.1. Principales fuentes normativas 46
4.2. Ámbito de aplicación 47
5. El modelo español 54
5.1. Mecanismos de coordinación en el sistema español 56

5.2. La Comisión Nacional de los Mercados y la Competencia (CNMyC) ... 58
5.3. Aplicación del Derecho de la competencia por los tribunales ... 60

TEMA 3
DEFENSA DE LA LIBRE COMPETENCIA

1. Conductas colusorias ... 63
1.1. Catálogo de supuestos prohibidos y consecuencias jurídicas ... 70
1.2. Exenciones a las conductas colusorias ... 73
2. Prácticas abusivas ... 75
2.1. Posición de dominio en el mercado ... 76
2.2. Explotación abusiva de una posición de dominio en el mercado ... 78
2.3. Consecuencias jurídicas de la explotación abusiva de una posición de dominio en el mercado ... 79
3. Falseamiento de la libre competencia por actos desleales ... 80
4. Supuestos de dispensa de las prohibiciones ... 81
5. Control de las operaciones de concentración económica ... 83
6. Ayudas y subvenciones públicas ... 90

TEMA 4
COMPETENCIA DESLEAL

1.La protección de la competencia ... 97
1.1. La primera cláusula general ... 99
1.2. La segunda cláusula general ... 104
1.3. Diligencia profesional y prácticas honestas del mercado ... 107
2. Los actos de competencia desleal. Catálogo de supuestos concretos ... 108
2.1. Actos contrarios a los intereses de los competidores ... 109
2.2. Actos contrarios a los intereses de los consumidores ... 114
2.2.1. Los actos de confusión ... 114
2.2.2. Los actos de engaño ... 117

2.2.3. Los actos de comparación pública.................... 121
2.2.4. Otros actos contrarios a los intereses de los consumidores.. 122
3. Actos contrarios al mercado.. 124
4. Acciones legales.. 127

TEMA 5
LA PUBLICIDAD COMERCIAL

1. Introducción.. 129
2. La integración de la publicidad en los contratos perfeccionados.. 133
3. Las declaraciones publicitarias como continente de los deberes precontractuales de información........................ 137
4. Supuestos específicos de publicidad ilícita...................... 148
5. El jurado de la publicidad de autocontrol y acciones disponibles contra la publicidad ilícita............................ 155
6. Estudio de caso: la publicidad en el sector automovilístico.... 158
6.1. La importancia jurídica de la información precontractual... 160

PRÓLOGO

El derecho de la competencia ocupa un lugar destacado en la estructura jurídica y económica de las sociedades modernas. Este conjunto de normas tiene como principal objetivo garantizar el funcionamiento eficiente y equitativo de los mercados, preservando las condiciones de competencia como motor esencial para la innovación, el crecimiento económico y el bienestar de los consumidores. Su relevancia se encuentra arraigada en la comprensión de que un entorno competitivo fomenta no solo la libre elección de los consumidores, sino también la mejora continua en la calidad y los precios de los bienes y servicios.

Históricamente, el derecho de la competencia surge como una respuesta jurídica a los excesos de poder económico, cuya concentración en manos de pocos actores puede amenazar tanto el mercado como el orden democrático. Desde los primeros antecedentes en el derecho anglosajón, como la Ley Sherman de 1890 en los Estados Unidos, hasta los complejos sistemas normativos de la Unión Europea y otras jurisdicciones modernas, este derecho ha evolucionado constantemente para responder a los desafíos planteados por un mundo globalizado y tecnológicamente avanzado.

El derecho de la competencia no solo protege el mercado como institución económica, sino que también desempeña un papel crucial en la defensa de los intereses de los consumidores. Un mercado competitivo se caracteriza por su capacidad de ofrecer a los consumidores opciones diversificadas, precios razonables y productos de alta calidad. La competencia también incentiva la innovación, ya que las empresas, en su esfuerzo por destacarse frente a sus rivales, desarrollan nuevas tecnologías, modelos de negocio y soluciones creativas.

Sin embargo, cuando la competencia se ve distorsionada por prácticas anticompetitivas, como los cárteles, el abuso de posición dominante o las concentraciones empresariales que restringen el mercado, las consecuencias pueden ser graves: los consumidores se ven perjudicados, las pequeñas y medianas empresas enfrentan barreras insuperables y, en última instancia, la economía en su conjunto se debilita.

En este sentido, el derecho de la competencia también actúa como un mecanismo para limitar el poder económico y promover un entorno en el que todos los actores del mercado tengan la posibilidad de competir en condiciones justas. Esto no implica una intervención constante o indiscriminada del Estado en la actividad económica, sino más bien un marco normativo que garantice el equilibrio entre la libre iniciativa empresarial y la protección de los principios que rigen los mercados abiertos.

El derecho de la competencia se distingue por ciertas características fundamentales que lo convierten en un área jurídica dinámica y compleja.

En primer lugar, su carácter económico-jurídico. Este derecho se encuentra en la intersección entre el derecho y la economía, lo que exige un análisis técnico que combine conceptos jurídicos con herramientas de economía. Para evaluar si una conducta o una operación empresarial es compatible con las normas de competencia, es necesario comprender cómo afecta al funcionamiento real del mercado.

En segundo lugar, su vocación preventiva. Además de sancionar las infracciones, el derecho de la competencia busca prevenir situaciones que puedan distorsionar el mercado. Esto se manifiesta, por ejemplo, en los procedimientos de control de concentraciones, donde las autoridades analizan fusiones y adquisiciones antes de que tengan lugar para determinar si podrían reducir la competencia efectiva.

Debe, también destacarse su flexibilidad y adaptabilidad. Los mercados evolucionan constantemente debido a factores como los avances tecnológicos, la globalización y los cambios en los modelos de negocio. En consecuencia, el derecho de la competencia debe ser lo suficientemente flexible para adaptarse a estas transformaciones y garantizar que las reglas sigan siendo relevantes y eficaces.

Además, en cuarto lugar, debe aludirse a su dimensión supranacional. En un mundo globalizado, muchas prácticas anticompetitivas trascienden las fronteras nacionales. Por ello, el derecho de la competencia tiene una importante dimensión internacional. La cooperación entre autoridades de diferentes países y la existencia de sistemas regionales, como el de la Unión Europea, son esenciales para abordar estas conductas y promover mercados globales justos.

Por último, resulta también fundamental su equilibrio entre intervención y libertad. Una de las tensiones inherentes al derecho de la competencia es encontrar el equilibrio adecuado entre intervenir para corregir las distorsiones del mercado y permitir que las fuerzas del mercado actúen libremente. Este equilibrio es crucial para evitar tanto el exceso de regulación como la permisividad ante conductas que perjudiquen la competencia.

El derecho de la competencia enfrenta una serie de desafíos en el siglo XXI que requieren reflexión y adaptación constante. Entre las que pueden destacarse cuestiones como el poder de las plataformas digitales, la sostenibilidad y la competencia, la globalización y su fragmentación normativa, y las que afectan a sectores económicos concretos del mercado; en esta obra emplearemos ejemplos y un estudio de caso basados en el sector del automóvil, que está actualmente sufriendo una tormenta perfecta de cambios disruptivos y la llegada de nuevos competidores, especialmente de nacionalidad china.

El derecho de la competencia es, pues, un pilar fundamental para el desarrollo de mercados justos, dinámicos y sostenibles. Su importancia no solo radica en los beneficios económicos que genera, sino también en su contribución a la construcción de sociedades más equitativas y democráticas. Como disciplina jurídica, plantea desafíos intelectuales y prácticos que exigen una comprensión profunda tanto de los principios jurídicos como de las realidades económicas.

En este libro, se invita al lector a explorar los aspectos fundamentales y las problemáticas actuales del derecho de la competencia, con la esperanza de aportar herramientas útiles para su comprensión y aplicación. En un mundo en constante cambio, el estudio y la práctica de este derecho son más relevantes que nunca para garantizar mercados más libres, justos y sostenibles.

TEMA 1

INTRODUCCIÓN AL DERECHO MERCANTIL: CONCEPTO Y FUENTES

Sumario: 1. Concepto de Derecho Mercantil. 1.1. Concepto. 1.2. Contenido sistemático. 1.3. Del Derecho de la empresa hacia el Derecho del mercado. 2. Fuentes del Derecho Mercantil. 2.1. Fuentes normativas. 2.2. La ley mercantil.

El Derecho de la Competencia no es una rama independiente del Derecho, sino que queda inserto en el Derecho Mercantil. Por ello, se estima necesario realizar una breve introducción al Derecho Mercantil español, para recordar las principales características del mismo y, a partir de ahí, centrarnos específicamente en la materia que nos ocupa, el Derecho de la Competencia.

1. Concepto de Derecho Mercantil

En las próximas páginas repasaremos, brevemente, el concepto del Derecho Mercantil, el contenido sistemático del mismo y la evolución de este Derecho, que comenzó siendo de la empresa para posicionarse en la actualidad, tal y como indica la doctrina, como Derecho del mercado.

1.1. Concepto

Entendemos el Derecho Mercantil como el sector del ordenamiento jurídico privado que nace y se viene desarrollando con el objeto de atender a las exigencias del tráfico económico, para las que el Derecho Civil se mostró desde el primer momento insuficiente.

Una de las cuestiones fundamentales que resultan de obligada referencia es la tremenda antigüedad existente en la regulación de las materias concernientes al Derecho Civil, por un lado, y al Derecho Mercantil, por el otro. Si bien es cierto que durante el paso de las décadas los textos han ido siendo modificados, la redacción original del Código Civil español data del año 1889. En el caso del Código de Comercio, el cuerpo normativo de referencia en materia de Derecho Mercantil, el año de aprobación es 1885.

Estas fechas de aprobación de los textos legales son, a la vista de cualquier experto o persona que conozca algo del mundo del Derecho, tremendamente antiguas. Si por algo destaca la labor de la abogacía es por la continua modificación de sus fuentes doctrinales, bien con la aprobación y promulgación de nuevas normativas o textos, o con los distintos pronunciamientos jurisprudenciales que implican la modificación de algunas cuestiones.

En la actualidad, múltiples tipos de negocios que han alcanzado gran relevancia ni siquiera existían cuando se aprobó el Código de Comercio. En sentido, los contratos de franquicia, el comercio electrónico, leasing, renting, o la simple y extendida utilización de tarjetas bancarias, son sistemas o tipos de contrato que en la redacción originaria del Código de Comercio resultaban de imposible regulación, porque ni siquiera existían en la mayoría de los casos no ya la idea en sí, sino ni siquiera conceptos básicos de los mismos ni la tecnología que ha hecho posible su uso con el paso del tiempo.

El Derecho Mercantil, en sus orígenes, estuvo ligado a la actividad comercial, naciendo a partir del desarrollo económico de las ciudades. No puede olvidarse que, en la Edad Media, el comercio estaba dando sus primeros pasos. Así, el Derecho Mercantil nació para dar respuesta a la exigencia de regular, en aquel momento, la economía de mercado.

En el siglo XI comenzó el intercambio de productos e ideas. En este aspecto, las peregrinaciones a otros lugares, así como las cruzadas y el renacimiento del comercio ayudaron, todos ellos, a la mejora de Europa. Comenzaron a desarrollarse las ferias, como lugares de encuentro periódico donde se intercambiaban mercancías, resultando las más importantes las de Champagne, de gran repercusión en los siglos XII y XIII. Se trataba de seis ferias anuales que lograron eclipsar al resto, y cuya celebración tenía lugar en la llanura francesa de este nombre, situada a medio camino entre Venecia y Brujas.

En estas ferias, que duraban varios días, acudían no sólo mercaderes, sino también juglares o titiriteros, que ayudaban a dotarlas de un carácter festivo y fomentaban que muchas más personas se interesasen por las mismas.

En el siglo XIII aparecieron los primeros bancos, en una concepción muy distinta a como los conocemos en la actualidad. Además, la mayoría de banqueros no dejaban de ser una suerte de prestamistas privados —figura prohibida en la actualidad por nuestro ordenamiento jurídico—. En esencia, cobraban intereses por los distintos préstamos que concedían, abrían libros de cuenta, realizaban transferencias monetarias para sus clientes y protegían sus ahorros.

En aquella época, viajar con dinero físico no sólo era incómodo, sino también tremendamente peligroso, lo que ayudó al rápido crecimiento de estos bancos. Todo esto ayudó, en suma, a que la mayor parte de las compraventas se realizasen mediante transacciones a crédito. Para estas últimas, uno de los instrumentos que más cómodo resultó fueron las letras de cambio, que perviven hasta la actualidad, aunque con las lógicas modificaciones resultado del paso del tiempo. En esencia, mediante estas letras de cambio se producía un acuerdo bilateral —entre el prestamista y el deudor— por el cual el dinero prestado podía devolverse después de un plazo fijado de antemano por las partes, en el lugar convenido por las mismas e incluso en una moneda distinta a la prestada.

En España, la situación resultaba semejante a la explicada brevemente para Europa. El sistema económico se basaba en dos pilares fundamentales: la ganadería y la agricultura. Realeza, nobleza y clero eran los principales propietarios de los terrenos, cuyo cultivo realizaban los campesinos, aproximadamente el 80 % de la población total del país. Las cabezas de ganado constituían, además, una de las bases indispensables de la economía. La ganadería no resultaba únicamente una fuente de ingresos para los propios ganaderos, sino que también era muy interesante para la Corona, que percibía dividendos mediante la alcabala.

La suma de todos estos factores supuso que, en la Alta Edad Media se experimentase un importante auge de la ganadería y de todos los productos derivados de ella. Unido al perfeccionamiento de las técnicas agrarias, que permitieron el aumento de la producción y la obtención de mayor número de excedentes, y el aumento demográfico experimentado en el conjunto de la población del país, implicaron un aumento en la fabricación de productos como lana o cuero, que eran realizados por artesanos en talleres individuales o familiares.

Estos talleres implicaron, con el paso de los años, que apareciesen los gremios —agrupaciones de artesanos que trabajaban el mismo producto—. Los objetivos de los gremios resultaban ser, fundamentalmente, de carácter económico. Entre sus competencias se encontraban el abastecimiento de materias primas para todos los miembros de la asociación o la especificación y regulación de acceso a la profesión, indicando las distintas etapas que debían superar quienes pretendieran dedicarse a la actividad concreta —la pirámide se encontraba perfectamente establecida y jerarquizada, con exigencias de permanencia al aprendiz de dos años en período de formación, lo que le permitía ascender a oficial, que era el escalón intermedio e inmediatamente inferior al maestro, que era la persona que ostentaba la capacidad para dirigir el negocio—. Se perteneciese al escalafón que se perteneciese, si se formaba parte del gremio, se tenía derecho a percibir un salario. Pero también se encargaban de cuestiones menos relativas al propio negocio, como el cuidado de los huérfanos y viudas tras el fallecimiento de alguno de los miembros del gremio.

La perfección de las técnicas de producción y la disponibilidad de mayores excedentes supuso la necesidad de buscar nuevos mercados donde vender los productos. De esta manera, los mercados fueron atrayendo cada vez mayor número de comerciantes, lo que incidía también en mejores ingresos en los propios mercados y, por relación directa, de las ciudades donde se celebraban. Estos mercados podían tener carácter local o provincial y pronto, los más importantes, comenzaron a tener una periodicidad diaria.

Estos mercados, cuya principal tarea residía en proveer a los habitantes de las ciudades de los alimentos y productos más básicos, comenzaron a gozar de mayor repercusión cada vez. Existieron normas de marcado carácter proteccionista, que implicaban la prohibición a los mercaderes de sacar trigo, vino o cualquier otra vianda hasta que los habitantes de su ciudad no se hubieran proveído. Pero la mejor producción implicó una mayor existencia de productos disponibles. Como consecuencia de ello —o causa, según qué fuente consultemos—, las vías de comunicación también sufrieron mejoras, permitiendo un transporte más sencillo de las mercancías y facilitando por lo tanto la actividad comercial. Además, se produce un uso continuado de las monedas y, al igual que ocurrió en el resto del continente, aparecieron los banqueros y las letras de cambio.

Hoy día, el Derecho Mercantil español todavía ofrece ciertas excepciones a las figuras de los artesanos, ganaderos y agricultores, derivadas en gran medida de los derechos adquiridos por el paso del tiempo por estos sectores, y por la propia tradición.

En la actualidad, cuando nos referimos al Derecho Mercantil, estamos aludiendo a una materia que disciplina el ejercicio de cualesquiera actividades empresariales, ya sean comerciales, industriales o de servicios. Entendemos, como Derecho Mercantil, una rama del derecho privado patrimonial, construido con carácter general sobre las figuras de la empresa, el empresario y la actividad empresarial. Cuestiones como la obtención de beneficios o los derechos de los consumidores, si bien son también tremendamente importantes —especialmente la primera para las empresas, así como la segunda para el Derecho—, no constituyen elementos esenciales de nuestra materia.

Una obligada referencia debe realizarse respecto a la independencia o no del Derecho Mercantil, respecto al Derecho Civil. Resulta indudable que los orígenes del Derecho Mercantil provienen de la materia de Derecho Civil, existiendo todavía relativas dudas respecto a la posibilidad de que se trate de una materia ya perfectamente distinguida en el ámbito profesional, o no.

Del mismo, desde hace tiempo parece poder advertirse que el Derecho Mercantil ostenta cuestiones y problemas por completo propios, que en nada atañen al Derecho Civil, y que lo superan con mucho.

Hoy día, la opinión mayoritaria se inclina por la opinión de la sustantividad propia del Derecho Mercantil, resultando innegable que todavía existen lazos entre un Derecho y otro, —como demuestra la necesidad, producida en bastantes ocasiones y con cierta frecuencia, como el lector podrá ir comprobando en las próximas páginas de esta obra, de consulta de las normas relativas a algún contrato específico en el Código Civil u otra norma civilista, al no resultar suficientes las recogidas al respecto en los textos mercantiles—.

Como uno de los principales argumentos en la defensa de quienes defienden que el Derecho Mercantil es todavía una rama del Civil, podría mencionarse el hecho de que no existe en nuestro Tribunal Supremo una Sala específica que trate de los problemas mercantiles, sino que es la Sala de lo Civil la encargada de conocer de los asuntos en cuestión.

No obstante, también resulta cierto que están creándose, cada vez más, en tribunales de inferior rango, juzgados que únicamente conocen de materias mercantiles. En los Tribunales Superiores de Justicia, por ejemplo, las Salas de lo Mercantil existen desde hace tiempo, y recientemente están creándose algunas específicas para materia concursal, cuya relevancia en los últimos tiempos está siendo cada vez mayor y que es, no hay duda en este caso, una rama del Derecho Mercantil.

La doctrina entiende que el Derecho Mercantil abarca sectores como el relativo al empresario individual y sus instituciones afines —que implican la contabilidad, ya sean libros obligatorios para todos los empresarios, o para algún tipo concreto, así como la protección de los consumidores—, el Derecho de Sociedades —relativo al estudio de las distintas personas jurídicas que pueden operar en el mercado y sus características generales y particulares—, el Derecho de la Contratación, el Derecho del Mercado Financiero —que no obstante, no acostumbra a estudiarse en las asignaturas de Derecho Mercantil propiamente dicho—, el Derecho Concursal —de gran importancia en la actualidad, y cuyo objetivo es la satisfacción de los acreedores de la compañía y, en menor medida, la continuidad de la actividad mercantil—, el Derecho de navegación marítima y aérea —que recientemente, parece aceptarse por la doctrina su desarraigo del contrato de transporte en general para obtener sustantividad propia— y el Derecho de Títulos Valores —dentro del cual encontramos las figuras del cheque, el pagaré y la letra de cambio—.

El Código de Comercio, en su artículo 2, considera que el Derecho Mercantil es el encargado de regular los actos de comercio, pero no establece la definición de qué debemos entender como tales.

> Redacción del artículo 2 del Código de Comercio: «Los actos de comercio, sean o no comerciantes los que los ejecuten, y estén o no especificados en este

> Código, se regirán por las disposiciones contenidas en él; en su defecto, por los usos del comercio observados generalmente en cada plaza, y, a falta de ambas reglas, por las del Derecho común.
>
> Serán reputados actos de comercio los comprendidos en este Código y cualesquiera otros de naturaleza análoga».

Con la redacción actual del Código de Comercio, debe entenderse que resulta de aplicación a toda aquella persona que realice cualquier tipo de acto de comercio, de manera independiente a que resulte ser un comerciante o no. En este sentido, nos encontramos también ante una suerte de lista abierta, por lo que resulta indiferente la expresión concreta con la que nos refiramos a quien se encuentre perfeccionando algún acto de comercio. Esta justificación es la que nos permite, sin ningún problema, encajar dentro de la regulación del Código de Comercio a los actuales empresarios, sean del tipo que sean, y se consideren o no comerciantes, en el sentido gramatical del término.

Siguiendo la definición que nos ofrece la Real Academia Española de la Lengua, puede considerarse como comerciante a quien comercia, a la persona propietaria de un comercio, y también a la persona a quien son aplicables las especiales leyes mercantiles.

Respecto a qué puede entenderse como comercio, la Real Academia Española señala en este sentido que se trata de una compraventa o intercambio de bienes o servicios, que puede ser también referido a un conjunto de actividades económicas centradas en el comercio o, de la misma manera, una tienda, almacén o establecimiento de comercio, incluso el conjunto o clase de los comerciantes. Se incluyen otras acepciones del término, pero no resultan relevantes desde el punto de vista del Derecho.

1.2. Contenido sistemático

Entendemos como empresario a las personas físicas o jurídicas que, en nombre propio, organizan algún tipo de actividad económica, asumiendo tanto los derechos como las obligaciones derivadas de la misma. En este sentido, y aunque será desarrollado posteriormente, conviene señalar dos tipos distintos de empresario.

En primer lugar, encontramos el empresario o comerciante individual, que son aquellas personas que, teniendo capacidad legal para ejercer el comercio —es decir, poseen la aptitud legal para ser titulares de derechos y de obligaciones—, se dedican a él de manera habitual.

En segundo lugar, se encuentran los empresarios sociales. En esencia, las sociedades mercantiles que se constituyen con arreglo a la ley, y que pueden ser de muy diversos tipos.

Además del propio Código de Comercio, que regula la figura del empresario en los artículos 1 a 33, también existen diversas normas importantes en relación con el empresario, como por ejemplo, el Real Decreto 1784/1996, de 19 de julio, por el que se aprueba el Reglamento del Registro Mercantil —y que regula la figura ahora reseñada en sus artículos 81 a 93—, o el Real Decreto 439/2007, de 30 de marzo, por el que se aprueba el Reglamento del Impuesto sobre la Renta de las Personas Físicas, entre otras.

Respecto al empresario, encontramos directamente relacionadas, por lo tanto, las normas que delimitan su estatuto —en particular, los deberes de registro y contabilidad que deben regir en su actividad profesional—, pero también otras de distinta naturaleza, como la responsabilidad del empresario o el Derecho de organización, por citar algunas.

Cuando nos referimos a estatuto del empresario, estamos aludiendo al conjunto de derechos, deberes y obligaciones inherentes a su figura, pero no es un concepto idéntico al Código Deontológico de la Abogacía, por ejemplo. En este sentido, no existe de manera específica un código así para el ejercicio de la actividad de empresario, aunque encontramos autores que han intentado establecer cuáles deberían ser las virtudes que todo buen empresario, idealmente, reuniría.

Así, siguiendo a la doctrina, un buen empresario debería tener características como la audacia —si un líder no puede asumir riesgos, no podrá ser un buen empresario—; la capacidad de identificar un interés común entre los colaboradores —que motive, por tanto, las decisiones y las acciones de la empresa—; la prudencia —deben medirse los riesgos y adaptar las estrategias de la empresa para evitar perjuicios a la misma; responsabilidad —el empresario debe ser capaz de asumir los fracasos y buscar las mejores soluciones para todo su equipo de trabajo—; la eficacia —entendida como la capacidad de generar beneficios, satisfaciendo las necesidades de los consumidores—; la confianza —pues de ello dependerá el modo en que cree sus productos, preste sus servicios y administre su negocio, para el establecimiento de una relación lo más duradera posible con sus clientes; y finalmente, una ética de mínimos —entendida como los requisitos necesarios para que cada miembro o entidad de una comunidad pueda alcanzar su felicidad sin perjudicar en ningún momento al resto de la sociedad—.

A la actividad empresarial se asocian los distintos preceptos que regulan los instrumentos jurídicos necesarios para su realización, esto es, las obligaciones y los contratos mercantiles, así como los títulos valores. Del mismo modo, también se encuentran asociadas a esta figura cuestiones como la libre competencia o el Derecho a la protección de los consumidores.

La tercera y última figura básica y fundamental del Derecho Mercantil, junto al empresario y la actividad empresarial, es la Empresa.

El primer problema que encontramos con la Empresa es su definición, pues el Código de Comercio no establece en ningún lugar qué debemos entender como tal. En ese aspecto, ha sido el Tribunal Supremo el que ha debido pronunciarse, configurándola como una unidad patrimonial, propia de la persona individual o colectiva, integrada no solamente por determinados elementos singulares, sino también, por el elemento preponderante de la organización, fuente de dinamismo y creador en la esfera de la producción económica.

La Sentencia del Tribunal Supremo de 7 de marzo de 1994 (ROJ: STS 14895/1994), se pronunció en este aspecto, indicando, en su Fundamento de Derecho Tercero, que: «*(...) se destaca el concepto de empresa mercantil que se configura con una unidad patrimonial, propia de la persona individual o colectiva, integrada no solamente por determinados elementos singulares sino también por el elemento preponderante de la organización, fuente del dinamismo creador y de la actividad en la esfera de la producción económica, rasgos o señas todas ellas de identidad que obligan a la organización empresarial, como tal unidad patrimonial, al cumplimiento de cuantas obligaciones le incumben, pues fácil sería en otro caso obtener por la ficción de un cambio meramente formal la extinción de obligaciones inequívocas, efecto no querido por la Ley (...)*».

Más recientemente, nuestro Alto Tribunal se ha pronunciado también respecto al concepto de grupo de empresas, en Sentencia de 20 de junio de 2018 (ROJ: STS 2601/2018), indicando, en el Fundamento de Derecho Sexto, que: « *(...) recordemos una precisión terminológica que hemos efectuado en los tiempos recientes e indicativa de que la expresión "grupo patológico" ha de ser reservada para los supuestos en que las circunstancias determinantes de la responsabilidad solidaria se enmarcan en el terreno de la ocultación o fraude, pero cuando los datos objetivos que llevan a esa responsabilidad laboral no se ocultan, no responden a una actuación con finalidad defraudatoria ni atienden a abuso alguno, la terminología más adecuada más bien debiera ser la de "empresa de grupo" o "empresa-grupo", que resultaría así como el género del que aquél —el grupo patológico— es la especie, cualificada precisamente por los referidos datos de abuso, fraude u ocultación a terceros*»

Así, se distinguen entre la Empresa propiamente dicha (entendida como el aspecto subjetivo o la actividad realizada por el empresario) y el establecimiento (que sería el aspecto objetivo, siendo elementos singulares de carácter personal y real al servicio de la actividad).

A la dimensión objetiva o jurídico patrimonial de la Empresa se ligan los principios que permiten su tratamiento como conjunto organizado de bienes y la regulación de su transmisión, igual que el arrendamiento de inmuebles destinados a local de negocios y los bienes de propiedad industrial.

En suma, puede proponerse, siguiendo a la doctrina, la siguiente definición del concepto de Empresa: «*La Empresa es la unidad económica que combina los diferentes factores productivos, ordenados según determinada estructura organizativa, localizados en una o más unidades técnicas y físico-espaciales y dirigidos sobre la base de cierta relación de propiedad y control, con el ánimo de alcanzar unos objetivos, entre los que destaca el beneficio empresarial*».

Son elementos constitutivos de la Empresa los bienes muebles e inmuebles —sean locales, almacenes o vehículos de reparto, entre otros posibles—, los derechos reales y de crédito —préstamos o de cualquier otro tipo—, así como la propiedad industrial —patentes, modelos de utilidad o industriales—, la propiedad comercial y las relaciones de puro hecho —las existentes con los clientes, así como los servicios del personal y las expectativas de ventas—.

Respecto a la Empresa, pueden destacarse algunas normativas propias, como la Ley 24/1994, de 24 de noviembre, de Arrendamientos Urbanos, en sus artículos 29 y siguientes, o la Ley de 16 de diciembre de 1954, sobre hipoteca mobiliaria y sin prenda de desplazamiento de posesión.

Además, otras cuestiones, como el arrendamiento de empresa, se encuentran recogidas en el Código Civil —concretamente en este caso, en el artículo 1546 y siguientes—, o en este mismo cuerpo legal y en el Código de Comercio, como las referidas a la transmisión de empresa —de este modo, los artículos 5 y 325 del Código de

Comercio regulan esta cuestión, haciendo lo propio los artículos 1056.2, 1271.2, 1406.2 y 1445 y siguientes del Código Civil.

Redacción del artículo 5 del Código de Comercio: «Los menores de dieciocho años podrán continuar, por medio de sus guardadores, el comercio que hubieran ejercido sus padres o sus causantes. Si los guardadores carecieren de capacidad para comerciar, o tuvieran alguna incompatibilidad, estarán obligados a nombrar uno o más factores que reúnan las condiciones legales, quienes les suplirán en el ejercicio del comercio».

Redacción del artículo 325 del Código de Comercio: «Será mercantil la compraventa de cosas muebles para revenderlas, bien en la misma forma que se compraron, o bien en otra diferente, con ánimo de lucrarse en la reventa».

Redacción del artículo 1056 del Código Civil: «Cuando el testador hiciere, por acto entre vivos o por última voluntad, la partición de sus bienes, se pasará por ella, en cuanto no perjudique a la legítima de los herederos forzosos.

El testador que en atención a la conservación de la empresa o en interés de su familia quiera preservar indivisa una explotación económica o bien mantener el control de una sociedad de capital o grupo de éstas podrá usar de la facultad concedida en este artículo, disponiendo que se pague en metálico su legítima a los demás interesados. A tal efecto, no será necesario que exista metálico suficiente en la herencia para el pago, siendo posible realizar el abono con efectivo extrahereditario y establecer por el testador o por el contador-partidor por él designado aplazamiento, siempre que éste no supere cinco años a contar desde el fallecimiento del testador; podrá ser también de aplicación cualquier otro medio de extinción de las obligaciones. Si no se hubiere establecido la forma de pago, cualquier legitimario podrá exigir su legítima en bienes de la herencia. No será de aplicación a la partición así realizada lo dispuesto en el artículo 843 y en el párrafo primero del artículo 844».

Redacción del artículo 1271 del Código Civil: «Pueden ser objeto de contrato todas las cosas que no están fuera del comercio de los hombres, aun las futuras.

Sobre la herencia futura no se podrá, sin embargo, celebrar otros contratos que aquéllos cuyo objeto sea practicar entre vivos la división de un caudal y otras disposiciones particionales, conforme a lo dispuesto en el artículo 1056.

Pueden ser igualmente objeto de contrato todos los servicios que no sean contrarios a las leyes o a las buenas costumbres».

Redacción del artículo 1406 del Código Civil: «Cada cónyuge tendrá derecho a que se incluyan con preferencia en su haber, hasta donde éste alcance:

1.° Los bienes de uso personal no incluidos en el número 7 del artículo 1.346.

2.° La explotación económica que gestione efectivamente.

3.° El local donde hubiese venido ejerciendo su profesión.

4.° En caso de muerte del otro cónyuge, la vivienda donde tuviese la residencia habitual».

Redacción del artículo 1445 del Código Civil: «Por el contrato de compra y venta uno de los contratantes se obliga a entregar una cosa determinada y el otro a pagar por ella un precio cierto, en dinero o signo que lo represente».

2. Fuentes del Derecho Mercantil

Vamos a seguir la clasificación reconocida unánimemente por la doctrina española, de modo que no existe debate alguno respecto a la clasificación, o no, de los siguientes elementos analizados, en lo relativo a esta cuestión.

2.1. Fuentes normativas

Las fuentes del Derecho Mercantil se encuentran relacionadas en el artículo 2 del Código de Comercio. Así, se establece en primer lugar la preponderancia del propio Código de Comercio, tanto en el caso de que los realicen los comerciantes o no —no olvidemos, en este sentido, que se entiende que los empresarios se encuentran en esta categoría—. En caso de que este cuerpo legal no regule la disposición concreta, se aplicarán los usos del comercio propios de cada lugar. Si tampoco estuvieran regulados en él, se seguirán las normas del Derecho común.

> Redacción del artículo 2 del Código de Comercio: «Los actos de comercio, sean o no comerciantes los que los ejecuten, y estén o no especificados en este Código, se regirán por las disposiciones contenidas en él; en su defecto, por los usos del comercio observados generalmente en cada plaza, y, a falta de ambas reglas, por las del Derecho común».

No obstante, el artículo 50 del Código de Comercio antepone el Derecho común a los usos del comercio, en lo respectivo a los requisitos, modificaciones, excepciones, interpretación y extinción y a la capacidad de los contratantes. El artículo se encuentra dentro del Título IV, titulado «*Disposiciones generales sobre los contratos de comercio*».

> Redacción del artículo 50 del Código de Comercio: «Los contratos mercantiles, en todo lo relativo a sus requisitos, modificaciones, excepciones, interpretación y extinción y a la capacidad de los contratantes, se regirán, en todo lo que no se halle expresamente establecido en este Código o en las Leyes especiales, por las reglas generales del Derecho común».

Esta contradicción debe salvarse entendiendo que la primacía del Derecho común respecto a los usos del comercio en el ámbito de la contratación mercantil rige únicamente cuando se incluya normas de carácter imperativo, no meramente de carácter dispositivo.

Finalmente, en lo relativo al artículo 2 del Código de Comercio, únicamente está refiriéndose a los actos de comercio, no a otras cuestiones relativas al Derecho Mercantil. Esto supone, por lo tanto, que no resulta de aplicación a las distintas materias de carácter mercantil que no sean actos de comercio, como ocurre, por ejemplo, con el Registro Mercantil.

2.2. La Ley mercantil

En materia de Derecho Mercantil, encontramos varias normas que se encargan de la regulación de todas las cuestiones pertinentes. En este sentido, y de manera amplia, vamos a entender al respecto toda norma escrita de carácter general, emanada del poder soberano del Estado, cualquiera que sea su rango o categoría.

En primer lugar, debe citarse el Código de Comercio, de 22 de agosto de 1885. Su rango normativo, no obstante, no resulta superior al de cualquier otra Ley mercantil, aunque dispone de un carácter y significado singular dentro de la normativa mercantil, actuando además de manera supletoria en defecto de normativa específica.

El actual Código de Comercio se inspira fundamentalmente en el anterior, de 30 de mayo de 1829, y derogado con la entrada en vigor del texto legal de 1885. La principal motivación para la aprobación del actual Código se fundamentó en la incapacidad del anterior de dar respuesta a las exigencias del tráfico mercantil de la época, que se encontraba en permanente evolución.

Precisamente, el objetivo de adaptación a los nuevos tiempos que implicó un nuevo Código de Comercio en el año 1885 resulta un escollo difícil de difícil justificación respecto a la posibilidad de que todavía no exista un nuevo texto legal de base en materia mercantil, puesto que la evolución continúa siendo constante e, incluso, mayor y más rápida cada vez.

En esta ocasión, sin embargo, el legislador no ha optado por la elaboración de un nuevo Código de Comercio, sino que la tónica dominante de las últimas décadas consistió en tareas de descodificación —esto es, en la aprobación de varias leyes especiales que regulan materias específicas—.

Actualmente está siguiéndose la tendencia inversa, en un proceso de recodificación, en el que se inserta por ejemplo la última modificación del Código de Comercio. En el mismo sentido, desde hace tiempo existe la intención de una nueva redacción de este texto legal.

Respecto a las competencias, como es bien sabido, en nuestro país, tienen competencia legislativa tanto el Estado como todas las Comunidades Autónomas. En este sentido, algunas han optado por un mayor número de competencia que otras.

Habitualmente, la capacidad de las Comunidades Autónomas para regular respecto a una materia se encuentra definida a la perfección, pero no siempre ocurre esto así. Es, precisamente, el ejemplo del Derecho Mercantil, pues han existido diversos problemas respecto a la competencia o no de las Comunidades Autónomas en alguna materia concreta.

En materia mercantil, la Constitución Española establece, en su artículo 149.1.6.ª, que nos encontramos ante una competencia exclusiva del Estado.

> Redacción del artículo 149.1.6.ª de la Constitución Española: «1. El Estado tiene competencia exclusiva sobre las siguientes materias: (...)
> 6.ª Legislación mercantil, penal y penitenciaria; legislación procesal, sin perjuicio de las necesarias especialidades que en este orden se deriven de las particularidades del derecho sustantivo de las Comunidades Autónomas».

No obstante, la imprecisión técnica de la Constitución Española, en algunas materias, entre las que debe incluirse la temática mercantil, en la que no se limitan específicamente sus fronteras, ha permitido que las Comunidades Autónomas legislen al respecto y también ejecuten la normativa estatal. En este aspecto, las Comunidades Autónomas han legislado en materias relativas a la banca, los seguros o disposiciones relativas a la propiedad industrial.

En lo relativo al Derecho comunitario, la adhesión de España a la Unión Europea, producida en 1986, obligó al legislador nacional a someterse a un intenso proceso armonizador, para alcanzar una normativa lo más semejante posible en los Derechos nacionales del resto de países miembros de la Unión.

Los instrumentos normativos de los que se vale el Derecho comunitario, considerado en la actualidad a todos los efectos como Derecho interno, son en esencia, dos distintos; los Reglamentos —normas de directa aplicación en el territorio español desde el momento de su aprobación por la Unión Europea— y las Directivas —requieren de transposición—.

La legislación comunitaria resulta, a todos los efectos, entendida como Derecho interno. Esto se produce, tanto en materia de carácter mercantil, como en cualquier otro campo del Derecho.

En cambio, en lo que respecta a la legislación mercantil, en el ámbito internacional —y constituida por los Convenios internacionales—, únicamente se incorpora al ordenamiento nacional en virtud de un puntual, específico y explícito reconocimiento por parte del Estado, tal y como señalan los artículos 96.1 de la Constitución Española, y 1.5 del Código Civil.

> Redacción del artículo 96 de la Constitución Española: «1. Los tratados internacionales válidamente celebrados, una vez publicados oficialmente en España, formarán parte del ordenamiento interno. Sus disposiciones sólo podrán ser derogadas, modificadas o suspendidas en la forma prevista en los propios tratados o de acuerdo con las normas generales del Derecho internacional.
>
> 2. Para la denuncia de los tratados y convenios internacionales se utilizará el mismo procedimiento previsto para su aprobación en el artículo 94».
>
> Redacción del artículo 1 del Código Civil:
>
> «1. Las fuentes del ordenamiento jurídico español son la ley, la costumbre y los principios generales del derecho.
>
> 2. Carecerán de validez las disposiciones que contradigan otra de rango superior.

3. La costumbre sólo regirá en defecto de ley aplicable, siempre que no sea contraria a la moral o al orden público, y que resulte probada.

Los usos jurídicos que no sean meramente interpretativos de una declaración de voluntad, tendrán la consideración de costumbre.

4. Los principios generales del derecho se aplicarán en defecto de ley o costumbre, sin perjuicio de su carácter informador del ordenamiento jurídico.

5. Las normas jurídicas contenidas en los tratados internacionales no serán de aplicación directa en España en tanto no hayan pasado a formar parte del ordenamiento interno mediante su publicación íntegra en el «Boletín Oficial del Estado».

6. La jurisprudencia complementará el ordenamiento jurídico con la doctrina que, de modo reiterado, establezca el Tribunal Supremo al interpretar y aplicar la ley, la costumbre y los principios generales del derecho.

7. Los Jueces y Tribunales tienen el deber inexcusable de resolver en todo caso los asuntos de que conozcan, ateniéndose al sistema de fuentes establecido».

Debe indicarse, al respecto del Derecho internacional, que se encuentra caracterizado un ámbito de aplicación de carácter subjetivo. Es decir, que únicamente se aplican cuando existe un elemento internacional, que normalmente será la distinta nacionalidad de las partes de la relación. No obstante, pueden ser otras características de la relación jurídica, como la existencia de un transporte internacional —entre empresas, incluso, que pertenezcan a un mismo país—.

En lo que respecta al contenido del Derecho Mercantil internacional, pueden distinguirse dos tipos de normas distintas; la de carácter conflictual, y las de índole material.

Nos referimos a normas de carácter conflictual como aquellas normas de conflicto, es decir, los preceptos que no disciplinan directamente la relación concreta de la que se trate. En este aspecto, se limitan a indicar cuál es el ordenamiento jurídico estatal que debe regularla, pero no proponen ninguna solución, sino simplemente la norma aplicable. Fueron, cronológicamente, las primeras en aparecer.

En cambio, cuando aludimos a normas de índole material, estamos refiriéndonos a las que pretenden la unificación y armonización gradual de las normas materiales. Por lo tanto, en lo relativo a estas normas, deben destacarse los esfuerzos de unificación material legislativa efectuados por UNIDROIT —Instituto Internacional para la Unificación del Derecho— y los de Naciones Unidas, mediante UNCITRAL —Comisión de Naciones Unidas para el Derecho Mercantil Internacional—.

TEMA 2

INTRODUCCIÓN A LA DEFENSA DE LA COMPETENCIA

Sumario: 1.Diferenciación entre defensa de la competencia y competencia desleal. 2. El concepto económico de competencia. 3. Derecho de libre competencia. 4. Derecho de la Unión Europea. 4.1. Principales fuentes normativas. 4.2. Ámbito de aplicación. 5. El modelo español. 5.1. Mecanismos de coordinación en el sistema español. 5.2. La Comisión Nacional de los Mercados y la Competencia (CNMyC). 5.3. Aplicación del Derecho de la competencia por los tribunales.

En las próximas páginas, se analizará qué entendemos por Derecho de la competencia, para lo que resulta fundamental el conocimiento del concepto económico de competencia, así como una revisión al modelo comunitario y nacional.

1. Diferenciación entre defensa de la competencia y competencia desleal

No obstante, y antes de centrarnos en dicha cuestión, resulta fundamental establecer la distinción entre la defensa de la competencia y la competencia desleal.

En el primer caso, como defensa de la competencia debe entenderse aquella parte del derecho mercantil que determina prohibiciones relacionadas con conductas empresariales frente a competidores, en orden a mantener un equilibrio en el mercado conjugando la libertad de empresa, la libre competencia, el interés colectivo de los consumidores y el interés público.

Tiene por objeto prohibir una serie de conductas (acuerdos, abusos, etc.) que falsean la libre competencia. Estos actos son inspeccionados en España por la Comisión Nacional de los Mercados y la Competencia.

En lo que concierne a la competencia desleal, establece la prohibición de una serie de conductas contrarias a la buena fe y que alteran la concurrencia de las empresas en el mercado. Estos actos no son inspeccionados por ningún organismo público, sino que debe ser la empresa la que acuda a los tribunales cuando vea lesionados sus derechos.

La **buena fe** es el principio básico y más elemental que debe regir en cualquier negocio jurídico. Más aún, si se pretende tener un libre mercado en el que cada empresario que participe lo haga en condiciones de plena igualdad.

Parece imposible conseguir que un mercado se rija por la competencia leal. La **Ley 3/1991, de 10 de enero, de Competencia Desleal** regula los actos considerados desleales, así como las acciones que se pueden interponer. Esto es fundamental, puesto que el empresario va a poder reclamar la mala fe de la otra parte, ya sea por un vínculo contractual o extracontractual.

La finalidad manifiesta de este texto legal es que todos aquellos que participen en el mercado lo hagan siempre **bajo las mismas condiciones**. Se castiga aquellas acciones que supongan contradecir la buena fe. No se pretende una igualdad absoluta, sino que todos tengan a su disposición las mismas armas para defender sus intereses.

En definitiva, se pretende que el mejor rendimiento de una empresa o sociedad que otras sea por el libre juego de la oferta y la demanda. Se castiga cualquier actividad que deshonestamente pretenda perjudicar a un competidor.

Ambas cuestiones quedan englobadas en el derecho de la competencia. El derecho de la competencia regula las normas del mercado en un doble sentido: por una parte, en cuanto se trata de un derecho garantizado constitucionalmente, como señala el art. 38 de la Constitución Española. Ello permite el sistema de economía de mercado amparado por ella, y conforma —con otros principios y derechos— el marco constitucional económico. Por otra parte, regula las prácticas entre empresarios, y de estos con los consumidores.

El sistema está formado por dos grandes leyes: la Ley de Defensa de la Competencia (conocida por sus siglas, LDC), que se encarga de la competencia como valor esencial del sistema y señala qué prácticas lo atacan, y la Ley de Competencia Desleal (conocida también por sus siglas, LCD), que se ocupa de regular la práctica de las organizaciones en este ámbito:

No obstante, estos dos ámbitos, que se regulan por separado, en realidad son dos facetas del mismo asunto. La propia Ley de Defensa de la Competencia tiene, de hecho, una suerte de vaso comunicante entre ambas, con el fin de considerar contrarias a la competencia las prácticas de la Ley de Competencia Desleal en determinados casos.

La competencia se promueve, pero debe tratarse de una competencia honesta, en interés de todos los que participan en el mercado, prohibiendo la competencia desleal, que se ejecuta con la finalidad de engañar, confundir, denigrar, imitar o comparar, entre otras. Para que un comportamiento sea considerado desleal, deberá realizarse en el mercado y con fines concurrenciales.

2. El concepto económico de competencia

Con el término concepto económico de la competencia aludimos a la concurrencia existente, en un mismo mercado, de distintos agentes económicos. Todos ellos ofrecerán sus productos y servicios a un conjunto de consumidores, que actuarán de manera independiente, y que constituirán la demanda de los referidos productos o servicios.

Los ya superados ordenamientos jurídicos del pasado siglo seguían una inspiración de modelo económico y social cuya caracterización fundamental suponía el reconocimiento del mercado como institución básica. Entendían que se producía una igualdad formal entre los distintos oferentes y los diferentes demandantes, en virtud de los principios liberales vigentes ya con anterioridad, en el siglo XIX y, desde el punto de vista económico, en un sistema de libre competencia.

En el concepto clásico, los economistas entendían que el mercado no constituía única y exclusivamente el punto de encuentro teórico entre la oferta y la demanda, sino que, además, se trataba de un mecanismo que operaba a modo de economía descentralizada, por cuyo intermedio se producía, de manera espontánea la coordinación de los planes individuales de cada una de las empresas y de las distintas economías familiares, gracias a los precios. Esta es la teoría neoclásica, en la que destacan autores como Jevons o Marshall. Posteriormente, Keynes modificó estos paradigmas.

No obstante, en la actualidad ya se ha podido comprobar que esta teoría tan idílica y optimista es simplemente eso, una teoría cuya aplicación práctica en el mercado no llegaba a producirse en la gran mayoría de las ocasiones. Por tanto, cuando se alcanzaba, ocurría convirtiéndose en la excepción, y no en la regla.

Además, la convicción de autorregulación del mercado implicaba una cuestión totalmente fuera del alcance en la práctica; la información perfecta. Esto suponía que el consumidor —con toda la complejidad de definición que este concepto supone— conocía toda la información del mercado, lo que incluía no sólo los precios de todos los oferentes, sino también las características de los productos que ofrecían. Si bien esto en la actualidad resulta sumamente complejo, incluso disponiendo de buscadores en internet que comparan características, precios y ofertas, hace varias décadas resulta imposible. Siendo cierto que los oferentes eran muchos menos, y los productos que pretendían adquirirse también, resulta cuando menos difícil imaginar que un comprador pudiera conocer las ofertas más allá de su pueblo o ciudad.

Así pues, mientras para los compradores resulta difícil el conocimiento exacto del mercado, tampoco resulta sencillo para quienes operan de manera profesional en el mismo. Además, no puede olvidarse que cualquiera puede realizar esta actividad —con los condicionamientos legales exigidos; no olvidemos, por ejemplo, que alguien sin estudios relacionados con el área de la salud no podrá ejercer esta actividad en el mercado como empresario individual—.

Pero esta libertad de creación de empresa, este derecho individual a la libre iniciativa económica ha permitido, en ocasiones, la renuncia a ciertos límites convencionales a la competencia e incluso, en otras ocasiones, excluir del mercado a algunos o todos los competidores, mediante la obtención de una posición de dominio en el mercado. No conviene olvidar, no obstante, que la obtención de una posición de dominio en el mercado, en sí, no está sancionada —pues todas las compañías quieren mejorar sus resultados y, si una lo consigue, inexorablemente un competidor o varios verán reducidos sus registros—. Lo que sí se encuentra sancionado es la obtención de esa posición de ventaja mediante técnicas ilegales, o el aprovechamiento de esa posición de dominio.

Lo que ha ido sucediendo en las últimas décadas, y continúa produciéndose en la actualidad, es el tránsito de un teórico modelo de economía perfecta —que, no olvidemos, nunca llegó a ser tal en la práctica—, a un sistema de competencia efectiva o funcional. Este sistema actual se encuentra integrado tanto por elementos competitivos como monopolísticos, suponiendo por tanto una cada vez mayor reducción de la competencia, e implicando un aumento de la concentración económica, cuyo objetivo básico es asegurar el progreso tecnológico y el nivel de eficiencia óptimo de las empresas.

No obstante, estas concentraciones económicas, que tantos beneficios operativos y económicos puede suponer para las empresas, se traducen habitualmente en un perjuicio a los consumidores. Además de alejarse el mercado de la estructura idónea de la competencia perfecta, se reduce notablemente la soberanía de los consumidores, que ven reducidas las opciones de negociación con las grandes compañías y cuya decisión termina limitándose, como máximo, a la libertad de elección respecto a con qué compañía contratar —resultando, incluso, imposible la negociación en muchos casos—.

Podemos encontrar, en la actualidad, múltiples ejemplos de mercados en los que cada vez son menores los oferentes, concentrándose entre sí. En este sentido, los fabricantes automovilísticos están constituyendo mayores asociaciones empresariales, como ha sido la reciente unión entre el grupo francés PSA —que además había adquirido una empresa rival, Opel, hace poco tiempo— y la compañía italoamericana Fiat-Chrysler. La comisión antimonopolio de la Unión Europea investigó esta fusión, especialmente en lo referido al sector de los automóviles industriales, obteniendo el compromiso de la nueva compañía respecto a impulsar a la competencia. Esta asociación conformada por PSA y Fiat-Chrysler es conocida como Stellantis, y configura el cuarto mayor fabricante automovilístico a nivel mundial en la actualidad, pero no es el único ejemplo en el sector automotriz. Por ejemplo, el grupo Volkswagen aglutina varias marcas automovilísticas.

Fuera de este sector, siguen encontrándose ejemplos muy claros. En este sentido, las fusiones entre entidades financieras están menguando los oferentes en este sector del mercado, traduciéndose en menores posibilidades de elección para los clientes y, además, en condiciones menos ventajosas para los mismos, pues al margen de los problemas legales que afrontan varias entidades financieras por la utilización de cláusulas abusivas —desde las cláusulas suelo, que resultan abusivas en algunas circunstancias concretas, a las más recientes tarjetas de crédito *revolving*, que también han sido prohibidas en función de las condiciones contractuales perfeccionadas entre las partes (sin posibilidad de negociación por parte de los consumidores)—, también están aumentando a sus clientes las comisiones.

3. Derecho de libre competencia

Como ha podido indicarse con anterioridad, en la actualidad ya somos plenamente conscientes de la imposibilidad del mercado de garantizar la existencia de libre competencia; tanto por las distintas fusiones que se producen, como por la tendencia de algunas compañías a lograr mayor poder en el mercado o, incluso, eliminar a la competencia —cuestión respecto a la que, debe insistirse, no existe problema alguno si no se emplean técnicas ilegales—.

Por lo tanto, si el mercado no resulta capaz por sí mismo para garantizar la existencia de libre competencia, se precisa necesario algún mecanismo que proteja el desarrollo de la misma. Tal mecanismo será el Derecho, concretamente, el de la libre competencia.

Debe indicarse, eso sí, que la protección de la competencia no actúa dentro de una esfera jurídica de tutela individual, sino que va más allá, actuando para la protección del interés general. Esto implica que no se busca la protección de una empresa o de un consumidor concreto, sino que la pretensión es mucho mayor.

Se entiende que la defensa de la competencia es un principio de orden público económico. Por lo tanto, se convierte en vital para el actual sistema constitucional económico, siendo reconocido como uno de los principios básicos de la denominada «*Constitución Económica*». Dentro de estos parámetros, resulta fundamental el artículo 38 de nuestra Carta Magna, pues reconoce «*la libertad de empresa en el marco de la economía de mercado*».

> Redacción del artículo 38 de la Constitución Española: «Se reconoce la libertad de empresa en el marco de la economía de mercado. Los poderes públicos garantizan y protegen su ejercicio y la de-

fensa de la productividad, de acuerdo con las exigencias de la economía general y, en su caso, de la planificación».

Todo esto implica que, tanto en nuestra legislación nacional como en la comunitaria, exista en la actualidad un sector normativo especifico que, integrado en el Derecho Mercantil, busque tanto la promoción como la protección de la existencia de una competencia libre, real y efectiva.

Que se trate de una competencia real implica que realmente esté produciéndose, no que sea únicamente una ficción. Algo que podría ocurrir, por ejemplo, si existen compañías rivales pero pactan los precios entre ellas. La necesidad de que sea efectiva implica que realmente se note de cara al consumidor, bien en el precio final, o en cualquier otra cuestión.

Pero, el problema es mayor si nos referimos a una competencia libre. Igual que resulta perfectamente válido que alguien constituya o no una empresa, y la posicione como crea conveniente —dentro de los términos de la normativa— en el mercado o el sector que mejor considere, también existe total libertad para la cesación de la actividad de la empresa, o para cambiar la razón social de la misma. Esto implica la imposibilidad de obligación a una compañía de continuar con su actividad, o de cambiarla.

Esta cuestión implica un problema, igual que la protección y la promoción de la competencia. De hecho, resulta menos complejo proteger la competencia, pues supone que ya existen competidores y lo que debe hacer la normativa es regular las correctas prácticas en el mercado, que promover dicha competencia. Y es que dentro de la libertad de constitución de empresa o de cesación de actividad, en el ordenamiento jurídico español y europeo no puede obligarse a alguna empresa a realizar actividades que no desea realizar[1] —cuestión distinta es que se alcan-

1 Indicamos que no resulta posible en el ordenamiento nacional o europeo porque otros países sí han tomado en ocasiones medidas para

cen acuerdos o se ayude de alguna manera, a cambio de realizar la actividad, a las empresas—.

Si nos encontramos, por ejemplo, en un sector en el que no resulta interesante a las empresas la inversión, porque entienden que no obtendrán beneficios, no se les podrá obligar a llevar a cabo actividad alguna. Esto implica, habitualmente, la aparición de monopolios, si se detecta una necesidad en la población, mediante la creación de una empresa pública. Y, quizá, a futuro, llegará la inversión privada. Ha ocurrido en muchas ocasiones; por ejemplo, en el sector de la telefonía. Actualmente, en España, la compañía Renfe está comenzando a tener competidores.

Pero el objetivo fundamental perseguido consiste en la prohibición de las distintas prácticas y conductas que tengan por objeto —o produzcan el efecto— falsear la competencia en los distintos sectores del mercado. Por supuesto, en algunos resultará más sencillo controlarlo que en otros. No será lo mismo el sector aeronáutico, con muy pocos competidores —y que además puede adquirir rango de interés nacional o comunitario—, que el de la venta de productos textiles.

Algunas de las principales actuaciones que buscan erradicarse, o cuanto menos, controlarse, son las prácticas colusorias y el abuso de posición dominante en el mercado. No obstante, estas prohibiciones también alcanzan a conductas realizadas por los poderes públicos como, por ejemplo, la concesión de ciertas ayudas públicas, por sus efectos sobre el mantenimiento de la competencia. Esta última cuestión, además, es una de las pocas en las

obligar a empresas a realizar ciertas actuaciones. Por ejemplo, Corea del Sur marcó durante un tiempo la obligación de que las compañías que obtenían beneficios se encargaran -previa compra- de las empresas deficitarias de su sector (así acabó, por ejemplo, Hyundai siendo la propietaria de Kia). También en el continente asiático, en la actualidad, China está obligando en algunos sectores -especialmente los tecnológicos- a que grandes compañías adquieran otras más pequeñas, o a compañías pequeñas a fusionarse entre sí, cuando el gobierno entiende que de manera independiente no resultarían viables.

que no coinciden el ordenamiento jurídico español y el comunitario, lo que ha implicado recientes problemas a compañías españolas. El caso más sonado ha sido el de las ayudas públicas concedidas a algunos equipos de fútbol profesional, que participaban en competiciones continentales.

Además, como se ha señalado con anterioridad, también las concentraciones de empresas están sometidas al control público, especialmente cuando se entiende que suponen un menoscabo a la existencia de competencia.

Precisamente, la normativa europea y nacional también difiere en materia de concentraciones económicas —únicas diferencias, junto con las ayudas públicas—. Por el resto, el contenido material de ambas normas resulta muy similar. La normativa nacional incorpora los principios del Tratado sobre el Funcionamiento de la Unión Europea. No obstante, tanto los procedimientos como los órganos de aplicación de cada uno de los bloques normativos son distintos.

4. Derecho de la Unión Europea

4.1. Principales fuentes normativas

La norma básica del Derecho comunitario de la competencia está regulada en los artículos 101 a 109 del Tratado sobre el Funcionamiento de la Unión Europea, de 13 de diciembre de 2007.

Este Derecho ha tenido su desarrollo mediante varios Reglamentos comunitarios, así como otras normas de Derecho derivado. A este respecto, pueden destacarse algunas, sin ánimo de exhaustividad y a efectos meramente ejemplificativos:

- Reglamento (CE) n.º 1/2003 del Consejo, de 16 de diciembre de 2020, para la aplicación de las normas de competencia previstas en los artículos 101 y 102 del Tratado sobre el Funcionamiento de la Unión

Europea. Este Reglamento contiene diversas normas relativas a los distintos acuerdos, decisiones, asociaciones de empresas y prácticas concertadas que resulten susceptibles de limitar la competencia y los abusos de posición dominante.

- Reglamento (CE) n.º 139/2004 del Consejo, sobre el control de las concentraciones de empresas.
- Reglamento (UE) 651/2004, que declara determinadas categorías de ayudas compatibles con el mercado interior, en aplicación de los artículos 107 y 108 del Tratado sobre el Funcionamiento de la Unión Europea, también conocido como Reglamento General de Exención por Categorías. Este Reglamento resultó de aplicación hasta el 31 de diciembre de 2020.

4.2. Ámbito de aplicación

Como ocurre en el resto de disciplinas, en las relaciones entre el ordenamiento jurídico nacional y el comunitario rigen los principios de aplicabilidad inmediata y primaria del europeo. Esto implica que, en caso de producirse alguna contradicción entre las normas nacionales y europeas, las segundas serán las que resulten de aplicación. Por tanto, obliga a aplicar el Derecho comunitario con preferencia al nacional, en el ámbito de las distintas competencias cedidas a la Unión Europea a través del Tratado.

Por lo tanto, deviene obligado determinar correctamente cuál es el ámbito de aplicación del Derecho nacional y del Derecho comunitario.

Cuando nos encontramos con prácticas anticompetitivas, el ámbito de aplicación se encontrará determinado por el mercado que resulte afectado por la práctica en cuestión. Si únicamente se produce en el mercado estatal, la normativa aplicable en el caso concreto será la nacional. En cambio, si afecta no sólo al mercado estatal, sino al de otro Estado miembro, resultarán de aplicación ambas normativas, en función de la denominada teoría de la doble barrera.

Esta teoría no supone problema alguno cuando ambas normas indican lo mismo, pero resulta más compleja cuando nos enfrentamos a materias que no tengan la misma regulación. En este aspecto, la teoría de la doble barrera resulta de aplicación a las ayudas públicas.

En cambio, resulta distinto en materia de control de concentraciones. En este ámbito, la competencia se atribuye a la Comisión Europea, o a los órganos internos, en razón del volumen de negocios y su dimensión, que podrá ser europea o nacional, como principio general.

En caso de producirse alguna práctica colusoria o abuso de posición dominante, el Derecho comunitario puede ser igualmente aplicado por la Comisión Nacional de los Mercados y la Competencia —CNMyC, en adelante—, así como por los juzgados de lo mercantil.

Para facilitar, en la medida de lo posible, que se apliquen de manera uniforme, se encuentran recogidos mecanismos de cooperación e información recíproca entre las diferentes autoridades con competencia en la materia. A este respecto, pueden consultarse los artículos 16 y 18 de la Ley para la Defensa de la Competencia, y el Reglamento 1/2003 del Consejo, relativo a la aplicación de las normas sobre competencia previstas en los artículos 81 y 82 del Tratado de la Unión Europea[2].

> Redacción del artículo 16 de la Ley para la Defensa de la Competencia: «1. La Comisión Nacional de la Competencia por propia iniciativa podrá aportar información o presentar observaciones a los órganos jurisdiccionales sobre cuestiones relativas a la aplicación de los artículos 81 y 82 del Tratado de la Comunidad Europea o relativas a los artículos 1 y 2 de esta Ley, en los términos previstos en la Ley de Enjuiciamiento Civil.
>
> 2. Los órganos competentes de las Comunidades Autónomas, en el ámbito de sus competencias,

2 Los números de los artículos, recogidos así en el nombre de la norma, se corresponden con la numeración anterior. En la actualidad, se trata de los artículos 101 y 102 del Tratado sobre el Funcionamiento de la Unión Europea.

por propia iniciativa podrán aportar información o presentar observaciones a los órganos jurisdiccionales sobre cuestiones relativas a la aplicación de los artículos 1 y 2 de esta Ley, en los términos previstos en la Ley de Enjuiciamiento Civil.

3. Los autos de admisión a trámite de las demandas y las sentencias que se pronuncien en los procedimientos sobre la aplicación de los artículos 81 y 82 del Tratado de la Comunidad Europea o de los artículos 1 y 2 de la Ley de Defensa de la Competencia se comunicarán a la Comisión Nacional de la Competencia en los términos previstos en la Ley de Enjuiciamiento Civil. La Comisión Nacional de la Competencia habilitará los mecanismos de información necesarios para comunicar estas sentencias a los órganos autonómicos.

4. La Comisión Nacional de la Competencia remitirá a la Comisión Europea una copia del texto de las sentencias que se pronuncien sobre la aplicación de los artículos 81 y 82 del Tratado de la Comunidad Europea».

Redacción del artículo 18 de la Ley para la Defensa de la Competencia: «1. La Comisión Nacional de los Mercados y la Competencia, al objeto de aplicar los artículos 101 y 102 del Tratado de Funcionamiento de la Unión Europea y en el ejercicio de su facultad de colaboración con Autoridades Nacionales de Competencia de otros Estados miembros y con la Comisión Europea, podrá:

a) Intercambiar con la Comisión Europea y con las Autoridades Nacionales de Competencia de otros Estados miembros y utilizar como medio de prueba todo elemento de hecho o de derecho, incluida la información confidencial, en los términos previstos en la normativa europea. En particular, en relación con las declaraciones de clemencia, estas se podrán intercambiar con el consentimiento del solicitante o cuando dicho solicitante haya presentado su solicitud ante las citadas Autoridades de Competencia, siempre y cuando en la fecha de transmisión de la declaración de clemencia, el solicitante de clemencia no pueda retirar la información facilitada a la Autoridad de Competencia que reciba la declaración de clemencia.

b) Ejercer, a requerimiento de la Comisión Europea o de las Autoridades Nacionales de Competencia de otros Estados miembros, las facultades previstas en los artículos 39, 39 bis y 40 de esta ley, de conformidad con lo previsto en los artículos 20 a 22 del Reglamento (CE) n.° 1/2003 del Consejo, de 16 de diciembre de 2002, relativo a la aplicación de las normas sobre competencia previstas en los artículos 81 y 82 del Tratado y en el artículo 24 de la Directiva (UE) 2019/1 del Parlamento Europeo y del Consejo de 11 de diciembre de 2018, encaminada a dotar a las autoridades de competencia de los Estados miembros de medios para aplicar más eficazmente las normas sobre competencia y garantizar el correcto funcionamiento del mercado interior.

c) Autorizar con carácter excepcional a personal de las Autoridades Nacionales de Competencia de otros Estados miembros, para que, bajo la supervisión del personal de la Comisión Nacional de los Mercados y la Competencia, puedan asistir y ayudar activamente a esta en el ejercicio de las facultades previstas en los artículos 39 bis y 40, de conformidad con lo previsto en el artículo 24.1 de la Directiva (UE) 2019/1, de 11 de diciembre de 2018.

d) Notificar, en nombre y representación de las Autoridades Nacionales de Competencia de otros Estados miembros, los pliegos de concreción de hechos, las resoluciones en las que se acredite la existencia de prácticas prohibidas o la imposición de multas o multas coercitivas y cualquier otra decisión, acto o documento en relación con la aplicación de los artículos 101 y 102 del Tratado de Funcionamiento de la Unión Europea, de conformidad con lo previsto en el artículo 25 de la Directiva (UE) 2019/1, de 11 de diciembre de 2018.

e) Tramitar la ejecución de resoluciones firmes en aplicación de los artículos 101 y 102 del Tratado de Funcionamiento de la Unión Europea por las que se imponen multas o multas coercitivas, en nombre y representación de las Autoridades Nacionales de Competencia de otros Estados miembros, de conformidad con lo previsto en el artículo 26 de la Directiva (UE) 2019/1, de 11 de diciembre de 2018, cuando la empresa o asociación de empresas sancionada no esté establecida o no tenga suficientes activos para hacer frente a la multa en el Estado miembro que impone la multa.

f) Solicitar a otra Autoridad Nacional de Competencia de la Unión Europea que realice una inspección, una entrevista o un requerimiento de información en nombre y por cuenta de la Comisión Nacional de los Mercados y la Competencia, designando, en su caso, al personal de la Comisión Nacional de los Mercados y la Competencia para asistir y ayudar activamente en dicha inspección o entrevista, en aplicación del artículo 22 del Reglamento (CE) n.° 1/2003, de 16 de diciembre de 2002, y del artículo 24.1 de la Directiva (UE) 2019/1, de 11 de diciembre de 2018.

g) Actuar como autoridad requirente a efectos de la aplicación de los artículos 25 a 28 de la Directiva (UE) 2019/1, de 11 de diciembre de 2018.

h) Garantizar los contactos necesarios entre autoridades competentes de conformidad con lo previsto en el artículo 23 apartado 4 de la Directiva (UE) 2019/1, de 11 de diciembre de 2018. Las comunicaciones con los órganos jurisdiccionales se regirán conforme a lo dispuesto en la Ley Orgánica 6/1985, de 1 de julio, del Poder Judicial.

Las notificaciones y actuaciones realizadas por la Dirección de Competencia de la Comisión Nacional de los Mercados y la Competencia en virtud de este apartado se regirán por la legislación española aplicable a los actos de la propia Comisión Nacional de los Mercados y la Competencia.

2. La Comisión Nacional de los Mercados y la Competencia, en el ejercicio de sus funciones de control de concentraciones en operaciones que hayan sido notificadas en otros Estados miembros o ante la Comisión Europea o sean susceptible de serlo, y previa autorización expresa de las partes,

podrá intercambiar con la Comisión Europea y con las Autoridades Nacionales de Competencia de otros Estados miembros y utilizar como medio de prueba todo elemento de hecho o de derecho, incluida la información confidencial.

3. La Dirección de Competencia de la Comisión Nacional de los Mercados y la Competencia podrá llevar a cabo investigaciones sobre casos de posible incumplimiento en el territorio nacional de los artículos 5, 6 y 7 del Reglamento (UE) 2022/1925 del Parlamento Europeo y del Consejo de 14 de septiembre de 2022 sobre mercados disputables y equitativos en el sector digital y por el que se modifican las Directivas (UE) 2019/1937 y (UE) 2020/1828 (Reglamento de Mercados Digitales), conforme a lo previsto en su artículo 38. La Dirección de Competencia de la Comisión Nacional de los Mercados y la Competencia podrá utilizar asimismo la información recibida de terceros en virtud del artículo 27 del Reglamento de Mercados Digitales.

Antes de adoptar la primera medida formal de investigación, la Dirección de Competencia de la Comisión Nacional de los Mercados y la Competencia informará por escrito a la Comisión Europea.

La incoación de un procedimiento por parte de la Comisión Europea con arreglo al artículo 20 del Reglamento de Mercados Digitales privará a la Dirección de Competencia de la Comisión Nacional de los Mercados y la Competencia de llevar a cabo dicha investigación a los fines de aplicación de dicho Reglamento o de poner fin a una investigación que se halle en curso. La Dirección de Competencia de la Comisión Nacional de los Mercados y la Competencia informará a la Comisión Europea de las conclusiones de su investigación.

La investigación se realizará conforme a las normas aplicables a la información reservada que se refiere el artículo 49.2 de la presente ley.

Para realizar dichas investigaciones, la Dirección de Competencia podrá hacer uso de las facultades de los artículos 39, 39 bis y 40 de la presente Ley, siendo de aplicación el régimen de infracciones y sanciones relativo a dichos preceptos.

La información recabada en las investigaciones que se refiere este apartado podrá ser utilizada para la aplicación de lo previsto en la presente ley.

La información recabada al amparo de lo previsto en la presente ley podrá ser utilizada para la aplicación de este apartado.

4. La Comisión Nacional de los Mercados y la Competencia en el marco de las inspecciones dentro de la Unión a las que se refiere el artículo 14 del Reglamento (UE) 2022/2560 del Parlamento Europeo y del Consejo de 14 de diciembre de 2022 sobre las subvenciones extranjeras que distorsionan el mercado interior (Reglamento de Subvenciones Extranjeras), podrá:

a) De conformidad con el apartado 5 del artículo 14 del Reglamento de Subvenciones Extranjeras, prestar asistencia activa a los funcionarios y demás acompañantes habilitados por la Comisión Europea para realizar inspecciones, ejerciendo las facultades a las que se refiere el apartado 2 del artículo 14 de dicho Reglamento.

b) Llevar a cabo en el territorio nacional las inspecciones u otras medidas de investigación establecidas en la presente ley solicitadas por la Comisión Europea, conforme a lo previsto en el apartado 7 del artículo 14 del Reglamento de subvenciones extranjeras.

Para ello, la Comisión Nacional de los Mercados y la Competencia podrá hacer uso de las facultades de los artículos 39, 39 bis y 40 de la presente ley, siendo de aplicación el régimen de infracciones y sanciones relativo a dichos preceptos.

La información recabada en las investigaciones que se refiere este apartado podrá ser utilizada para la aplicación de lo previsto en la presente ley.

La información recabada al amparo de lo previsto en la presente ley podrá ser intercambiada con la Comisión Europea para la aplicación de este apartado».

5. El modelo español

El Derecho español de la competencia se encuentra recogido en distintas normativas, de las que deben reseñarse:

- Ley 3/2013, de 4 de junio, de creación de la Comisión Nacional de los Mercados y la Competencia.
- Ley 15/2007, de 3 de julio, de Defensa de la Competencia y en su Reglamento, aprobado por Real Decreto 261/2008, de 22 de febrero, por el que se aprueba el Reglamento de Defensa de la Competencia.
- Ley 1/2002, de 21 de febrero, de Coordinación de las Competencias del Estado y las Comunidades Autónomas en materia de defensa de la competencia3.

Por lo tanto, el modelo español es descentralizado, encontrándose integrado por la CNMyC, como Autoridad Nacional de la Competencia, y por las distintas Autoridades Autonómicas de Defensa de la Competencia.

Las Autoridades Autonómicas de Defensa de la Competencia son constituidas, evidentemente, por las respectivas Comunidades Autónomas. Se regirán, además, por las normas autonómicas que desarrollan las competencias ejecutivas en esta materia.

El marco básico es la referida Ley 1/2002, de 21 de febrero, que también aclara las normas de procedimiento que resultan aplicables a las actuaciones de estos órganos. Además, la misma norma disciplina los criterios para el adecuado reparto de competencias entre las Autoridades Autonómicas y la Autoridad Nacional, así como los distintos mecanismos de coordinación, colaboración e información de carácter recíproco. De esta manera, se

3 Esta Ley fue promulgada a raíz de la Sentencia del Tribunal Constitucional 208/1999, de 11 de noviembre, que determinó que la defensa de la competencia no es materia exclusiva del Estado en todas sus dimensiones, pues las Comunidades Autónomas pueden contar con competencias en ejecución.

garantiza una aplicación uniforme del Derecho de la competencia en todo el territorio español.

Respecto a los criterios de reparto, se indica que a la Autoridad Nacional le corresponde el ejercicio de las competencias respecto a aquellos procedimientos que tengan como objeto conductas prohibidas, autorizaciones singulares de estas conductas concretas, abuso de posición dominante, u otras.

Corresponderá, a las distintas Comunidades Autónomas, el ejercicio en su respectivo territorio de las competencias de los procedimientos que tengan como objeto conductas de carácter anticompetitivo que, sin afectar a un ámbito superior al de una Comunidad Autónoma o al conjunto del mercado nacional, bien alteren, o bien puedan alterar, la libre competencia en el ámbito de la respectiva Comunidad Autónoma[4].

En ocasiones, no obstante, pueden producirse conflictos de competencias entre las Autoridades Autonómicas —o una sola de ellas— y la Autoridad Nacional. En tales casos, para la resolución de estos conflictos competenciales, se cuenta con la participación de la Junta consultiva, cuya composición será paritaria.

Pero esta Junta no dispone de facultades decisorias, sino que únicamente emite un dictamen que, además, es de carácter no vinculante. En dicho informe, se valora la atribución de la competencia de tramitación, y la posible resolución del procedimiento en cuestión.

Existen mecanismos para asegurar la completa, simétrica y recíproca información respecto de las diferentes conductas restrictivas de la libre competencia de las que tengan conocimiento los órganos competentes.

Cuando alguna Comunidad Autónoma haga caso omiso a esta cuestión, existen diversos procedimientos de coo-

4 Por tanto, queda claro que corresponderá a la Autoridad Nacional el conocimiento de aquellas cuestiones que afecten, bien a la integridad del territorio nacional, bien al territorio de más de una Comunidad Autónoma, sin llegar a extenderse por todo el territorio español.

peración y coordinación entre las administraciones en conflicto. Como última opción queda la remisión a la Ley Orgánica 2/1979, de 3 de octubre, del Tribunal Constitucional. Esto implica que, como última ratio, si no han funcionado las otras vías, será el Tribunal Constitucional el responsable de decidir qué administración será la encargada de resolver el procedimiento.

No obstante, este no es el único problema que puede producirse respecto a este reparto de competencias.

Un segundo problema, que resulta además fundamental para la correcta aplicación de la normativa, es la garantía de igual tratamiento a todos los españoles, independientemente del lugar en que residan. Esto puede resultar complejo cuando son las distintas Comunidades Autónomas, por medio de las Autoridades Autonómicas, las que resuelven los distintos casos planteados; pues no todas tomarán siempre las mismas decisiones ante casos iguales o semejantes, aunque las normativas devengan idénticas.

Para solventarlo, se atribuye legitimación a la CMNyC para la intervención en los distintos procedimientos tramitados por las Autoridades Autonómicas. Esta posibilidad se justifica como un instrumento de cierre, que permita unificar la doctrina seguida en la aplicación del ordenamiento de defensa de la competencia. Por tanto, se busca evitar que un problema semejante tenga soluciones distintas en, por ejemplo, Andalucía y Aragón.

5.1. Mecanismos de coordinación en el sistema español

Como se ha señalado con anterioridad, existen diversos mecanismos de coordinación para la correcta aplicación de la normativa en la materia que nos ocupa, encontrándose regulados en los artículos 15 a 18 de la Ley de Defensa de la Competencia[5].

5 El artículo 17 de la Ley de Defensa de la Competencia se encuentra derogado desde 2013.

Los mecanismos de colaboración se encuentran destinados a asegurar la completa, simétrica y recíproca información acerca de las conductas restrictivas de la libre competencia de las que tengan conocimiento los distintos órganos competentes, con la finalidad de posibilitad el desarrollo de las funciones que tienen encomendadas.

El primer mecanismo de coordinación es el Consejo de Defensa de la Competencia. Se trata de un órgano que reúne a representantes de todas las administraciones territoriales con competencia en la materia. Sus funciones básicas se refieren a la centralización de la información que resulta relevante respecto a la competencia en los mercados, así como la identificación y discusión de los distintos criterios necesarios para una correcta coordinación en la aplicación de la normativa.

No debe confundirse este Consejo con el Consejo de la CNMyC, pues no tienen nada que ver. Además, el Consejo de Defensa de la Competencia no se encuentra mencionado en la Ley de Defensa de la Competencia.

El segundo mecanismo de coordinación es el de la cooperación con los órganos jurisdiccionales, recogido en el artículo 16 de la Ley de Defensa de la Competencia. Mecanismo especificado respecto al cual, realmente, resulta superflua su inclusión en la normativa, pues todo organismo público tiene la obligación de cooperación con los órganos jurisdiccionales.

El tercer mecanismo de coordinación se encontraba regulado en el artículo 17 de la Ley de Defensa de la Competencia, y se refería a la cooperación con los reguladores sectoriales. Indicamos que se encontraba regulado en dicho artículo, porque el mismo fue derogado en el ya lejano año 2013. En la redacción originaria se indicaba que tanto la CNMyC como los distintos reguladores sectoriales cooperarían en el ejercicio de sus distintas funciones, en aquellos asuntos de interés común.

Nuevamente, debía cuestionarse la necesidad de inclusión de este mecanismo de coordinación pues, realmente, en una práctica adecuada de sus funciones por los diversos reguladores sectoriales, la colaboración debería ser siempre máxima, sin necesidad de regulación normativa.

Finaliza el capítulo de los mecanismos de colaboración y cooperación de la Ley de Defensa de la Competencia con su artículo 18, en el que se establece la necesaria colaboración que debe existir entre la CNMyC con las Autoridades Nacionales de la Competencia de otros Estados miembros y, por supuesto, también de la Comisión Europea.

5.2. La Comisión Nacional de los Mercados y la Competencia (CNMyC)

La CMNyC es un organismo de Derecho público, dotado de personalidad jurídica propia, y con plena capacidad pública y privada. Además, dispone de autonomía tanto orgánica como funcional, y absoluta independencia de las distintas administraciones públicas.

Para la garantía, preservación y promoción tanto del correcto funcionamiento, como de la transparencia y la existencia de una competencia real y efectiva en los distintos mercados y sectores de producción, en la búsqueda del beneficio de los consumidores y usuarios, tiene encomendadas diversas funciones, entre las que pueden destacarse las siguientes:

- La supervisión y el control de todos los mercados y sectores económicos en el ámbito nacional.
- La aplicación de la Ley de Defensa de la Competencia y de la normativa comunitaria relativa a la competencia.
- Órgano de consulta respecto a las cuestiones relacionadas con el mantenimiento de la competencia real y efectiva.
- Órgano consultivo respecto a las cuestiones relativas al correcto funcionamiento tanto de los sectores económicos como de los mercados.
- Competencias específicas para la supervisión y el control de los mercados de las comunicaciones elec-

trónicas y audiovisuales, del mercado postal, de los sectores eléctrico, de gas natural y ferroviario, así como en materia de tarifas aeroportuarias.

Además de las anteriores, la CNMyC dispone de legitimación para la intervención en los procedimientos tramitados por los órganos autonómicos. Dicha legitimación debe entenderse como un instrumento de cierre, para evitar diferencias en la doctrina aplicaba por las distintas Autoridades Autonómicas en la resolución de los conflictos que les sean planteados.

Respecto a la organización y funcionamiento de la CNMyC, debe indicarse que los órganos de la misma son el Presidente y el Consejo.

En relación con el primero de ellos, el Presidente lo es también del Consejo. Además, ostenta la representación, tanto legal como institucional, de la CNMyC. Entre sus diversas funciones, pueden destacarse las de dirección, coordinación, supervisión y evaluación de las distintas unidades de la institución.

En lo que concierne al Consejo, se trata de un órgano colegiado de decisión. Le competen las cuestiones resolutorias, consultivas, de promoción y también de arbitraje y resolución de conflictos que se encuentran atribuidas a la CNMyC, sin perjuicio de otras delegaciones que puedan acordarse, en momentos dados o con carácter continuado, en favor de las Salas.

Dicho Consejo se encuentra integrado por 10 miembros. Estos miembros se encuentran distribuidos en dos Sala distintas, compuesta cada una de ellas por la mitad de los integrantes del Consejo. La responsabilidad de cada una de las Salas es distinta, pues mientras una de ellas conoce asuntos de competencia, la otra atiende cuestiones de supervisión regulatoria.

El Consejo dispone de ciertas competencias, en caso de entender que se ha producido infracción de alguno de los supuestos recogidas en la Ley de Defensa de la Competencia.

Así, puede declarar la existencia de conductas prohibidas en la redacción de la Ley de Defensa de la Competencia. En tales casos, el Consejo se encuentra habilitado para ordenar la cesación de la conducta en cuestión, e imponer condiciones u obligaciones determinadas (que pueden ser estructurales o de comportamiento, pero que serán perfectamente definidas), para la consecución de la remoción de los efectos producidos por las prácticas prohibidas que resulten contrarias al interés público, y para imponer multas. Esta última solución, no obstante, termina siendo la más habitual, pues en muchas ocasiones resulta sumamente difícil revertir el efecto producido. Por ejemplo, si los consumidores han perdido la confianza en una compañía por la actuación de algún competidor, resulta imposible restablecer automáticamente esa confianza, por mucho que se indique de manera pública que se trataba de una inexactitud o una falsedad.

El pago de las multas, no obstante, puede ser dispensado o reducido en su importe en ciertos casos. Estos casos son aquellos en los que se produce la denominada política de clemencia, que resulta de aplicación a las empresas identificadas como autoras de ciertas prácticas prohibidas por la normativa —especialmente, los cárteles—, que se arrepienten de su conducta, poniéndola en conocimiento de las autoridades de la competencia y cooperando de manera activa con dichas autoridades en la investigación de la infracción.

En definitiva, más que el arrepentimiento, que no deja de ser subjetivo y difícilmente evaluable, se valora la puesta en conocimiento de las autoridades y la cooperación con las mismas.

5.3. Aplicación del Derecho de la competencia por los tribunales

Las decisiones del Consejo de la CNMyC agotan la vía administrativa. Por tanto, contra ellas únicamente puede interponerse recurso ante la Sala de lo contencioso-administrativo de la Audiencia Nacional. En cambio, si la decisión en cuestión ha sido emitida por alguna Autoridad Autonómica, el órgano competente para conocer del recurso interpuesto será la Sala de lo contencioso-administrativo del Tribunal Superior de Justicia que corresponda.

Además, la Ley de Defensa de la Competencia también recoge la posibilidad de existencia de sanciones de carácter civil, como son la nulidad de pleno derecho en el caso de producción de prácticas colusorias. También puede solicitarse la correspondiente indemnización por daños y perjuicios, regulada en el régimen civil común.

Respecto a estas cuestiones relacionadas con las prácticas colusorias y los abusos de posición dominante son competentes los juzgados de lo mercantil, que igualmente tienen la potestad de declarar exentas de prohibiciones cualquiera de estas conductas, en aplicación del Derecho nacional y europeo[6], tal y como señalan la Disposición Adicional Primera de la Ley de Defensa de la Competencia y los artículos 101 y 102 del Tratado sobre el Funcionamiento de la Unión Europea.

Además, con el objetivo de una aplicación uniforme del Derecho de la competencia, existen mecanismos de coordinación entre la Comisión Europea, la Autoridad Nacional de la Competencia y los distintos órganos jurisdiccionales de los Estados miembros. Por lo tanto, siempre que resulte de aplicación el Derecho comunitario, el juez nacional se encuentra vinculado por las decisiones tomadas por la Comisión Europea, que actúan a modo de prejudicialidad administrativa.

En el Derecho nacional no existe ninguna previsión semejante, lo que implica que las distintas resoluciones emitidas por la CNMyC, o por las Autoridades Autonómicas de la Competencia, no vinculan obligatoriamente a los

6 Se ofrece más información respecto a prácticas colusorias y abusos de posición dominante, así como de sus exenciones, en el próximo tema.

jueces de lo mercantil cuando proceden al enjuiciamiento de las acciones civiles basadas en las mismas conductas, aunque es cierto que se reconoce que constituyen un instrumento de convicción de gran autoridad.

TEMA 3

DEFENSA DE LA LIBRE COMPETENCIA

Sumario: 1.Conductas colusorias. 1.1. Catálogo de supuestos prohibidos y consecuencias jurídicas. 1.2. Exenciones a las conductas colusorias. 2. Prácticas abusivas. 2.1. Posición de dominio en el mercado. 2.2. Explotación abusiva de una posición de dominio en el mercado. 2.3. Consecuencias jurídicas de la explotación abusiva de una posición de dominio en el mercado. 3. Falseamiento de la libre competencia por actos desleales. 4. Supuestos de dispensa de las prohibiciones. 5. Control de las operaciones de concentración económica. 6. Ayudas y subvenciones públicas.

Existen varias prácticas que pueden atentar contra la libre competencia. En este tema abordaremos las principales y analizaremos cuándo deben entenderse producidas en el mercado.

1. Conductas colusorias

Por conducta colusoria debe entenderse todo acuerdo, decisión o recomendación de carácter colectivo, o práctica concertada o conscientemente paralela, que tenga por objeto, produzca o pueda producir el efecto de impedir, restringir o falsear la competencia, ya sea en todo o en parte del territorio nacional o, en su caso, en el mercado comunitario. Se refieren, a la misma, los artículos 1.1 de la Ley de Defensa de la Competencia y 101.1 del Tratado sobre el Funcionamiento de la Unión Europea.

> Redacción del artículo 1 de la Ley de Defensa de la Competencia: «1. Se prohíbe todo acuerdo, decisión o recomendación colectiva, o práctica concertada o conscientemente paralela, que tenga por objeto, produzca o pueda producir el efecto de impedir, restringir o falsear la competencia en todo o parte del mercado nacional y, en particular, los que consistan en:
>
> a) La fijación, de forma directa o indirecta, de precios o de otras condiciones comerciales o de servicio.
>
> b) La limitación o el control de la producción, la distribución, el desarrollo técnico o las inversiones.
>
> c) El reparto del mercado o de las fuentes de aprovisionamiento.
>
> d) La aplicación, en las relaciones comerciales o de servicio, de condiciones desiguales para prestaciones equivalentes que coloquen a unos competidores en situación desventajosa frente a otros.
>
> e) La subordinación de la celebración de contratos a la aceptación de prestaciones suplementarias que, por su naturaleza o con arreglo a los usos de comercio, no guarden relación con el objeto de tales contratos.
>
> 2. Son nulos de pleno derecho los acuerdos, decisiones y recomendaciones que, estando prohibidos en virtud de lo dispuesto en el apartado 1, no estén amparados por las exenciones previstas en la presente Ley.
>
> 3. La prohibición del apartado 1 no se aplicará a los acuerdos, decisiones, recomendaciones y prácticas que contribuyan a mejorar la producción o la comercialización y distribución de bienes y servicios o a promover el progreso técnico o económico, sin que sea necesaria decisión previa alguna a tal efecto, siempre que:

a) Permitan a los consumidores o usuarios participar de forma equitativa de sus ventajas.

b) No impongan a las empresas interesadas restricciones que no sean indispensables para la consecución de aquellos objetivos, y

c) No consientan a las empresas partícipes la posibilidad de eliminar la competencia respecto de una parte sustancial de los productos o servicios contemplados.

4. La prohibición del apartado 1 no se aplicará a los acuerdos, decisiones, o recomendaciones colectivas, o prácticas concertadas o conscientemente paralelas que cumplan las disposiciones establecidas en los Reglamentos Comunitarios relativos a la aplicación del apartado 3 del artículo 81 del Tratado CE a determinadas categorías de acuerdos, decisiones de asociaciones de empresa y prácticas concertadas, incluso cuando las correspondientes conductas no puedan afectar al comercio entre los Estados miembros de la UE.

5. Asimismo, el Gobierno podrá declarar mediante Real Decreto la aplicación del apartado 3 del presente artículo a determinadas categorías de conductas, previo informe del Consejo de Defensa de la Competencia y de la Comisión Nacional de la Competencia».

Para la producción de la conducta colusoria se requieren, por lo tanto, tres elementos. Estos elementos son la existencia de una conducta específica, un efecto restrictivo de la competencia —que podrá ser total o parcial— y una determinada extensión territorial de dicho efecto.

Encontramos, como primer elemento, la necesidad de una conducta específica, algo que viene determinado en términos muy amplios, resultando por ello compleja su catalogación en algunos supuestos.

Incluye, en primer término, los acuerdos. Entenderemos como tales a las distintas estipulaciones, ya sean escritas o verbales, concertadas entre operadores económicos de carácter independiente, en las que se exprese la voluntad de todas las partes implicadas. No se precisa, por lo tanto, la existencia de un contrato en un sentido estricto para entender producido dicho acuerdo. Resulta lógico, pues difícilmente se encontrarán pruebas específicas de ello, y las partes rara vez perfeccionarán un contrato en el que puedan dejar pruebas de un acuerdo de carácter ilícito.

Dentro de este tipo de actuaciones, un tipo especial de acuerdos son los cárteles. Estos acuerdos se encuentran definidos en la Disposición Adicional Cuarta de la Ley de Defensa de la Competencia, especificando que entenderemos como tales los perfeccionados de forma secreta, entre dos o varios competidores, cuyo objeto sea el establecimiento acordado de precios, cuotas de producción o venta, reparto de mercados —incluyendo pujas de carácter fraudulento—, o la restricción de las importaciones y exportaciones[7].

También se encuentran prohibidas otras conductas, como las decisiones y recomendaciones colectivas, en las que se entiende que se ha producido un acuerdo de voluntades entre distintos operadores. Por un lado, encontraríamos a los emisores de estas decisiones o recomendaciones y, por el otro, a quienes la siguen.

---

7 Son relativamente habituales los cárteles en algunos ámbitos del mercado, al menos por pronunciamientos jurisprudenciales recientes que han acreditado su existencia. Por ejemplo, en el sector petrolero, respecto a las estaciones de servicio de combustibles fósiles, acostumbran a producirse respecto a la fijación de los precios. También han existido pronunciamientos respecto a las entidades financieras, por acuerdos respecto a las condiciones ofrecidas en varios productos bancarios.
Resulta, además, una práctica común en algunos sectores organizados a nivel internacional y que operan en diferentes mercados. Por ejemplo, la fijación de precios o cuotas de producción es una política habitual de la Organización de Países Exportadores de Petróleo -OPEP-, para mantener unos beneficios constantes. No obstante, como la normativa comunitaria o la nacional no alcanza la práctica de esta organización, no se le puede sancionar mediante esta vía por dichas actuaciones.
Recientemente, en el sector automotriz, se hizo famoso, por además una cuantía récord en las multas derivadas del mismo, el cártel de camiones. En materia meramente de automóviles, también puede destacarse el cártel de los concesionarios de venta de automóviles.

Igualmente, se produce conducta colusoria en las prácticas concertadas, consistentes en comportamientos que, siendo observados por los operadores económicos, permiten inferir la existencia de un acuerdo colusorio, pues no pueden objetivamente justificarse en las condiciones ordinarias de competencia que deberían aplicarse en función del mercado en cuestión. Por lo tanto, sólo puede explicarse racionalmente este comportamiento entendiendo que se ha producido algún tipo de acuerdo[8].

Debido a la ausencia de prueba concreta, para que pueda ser considerado el comportamiento como práctica concertada, deberá apoyarse en un elemento de carácter externo que pueda percibirse y sea visible —la conducta realizada— y en un segundo elemento, de carácter interno, que pueda explicarlo —la intención de obrar en común—.

El segundo elemento necesario para poder apreciar la existencia de una conducta colusoria es el efecto restrictivo de la competencia. Dicho efecto consistirá en impedir dicha competencia, restringirla o falsearla. Nuevamente, el principal problema radica en la prueba, de modo que se ha determinado un sistema distinto en esta ocasión. Así, si puede verificarse el objeto anticompetitivo, no resultará preciso que se pruebe que la conducta ha sido llevada a la práctica —de hecho, bastará con la intencionalidad, siendo muy distinto, por ejemplo, a la preparación para la comisión de un delito pues, en muchas ocasiones, si únicamente queda en fase preparatoria, no existe sanción, o esta resulta muy inferior que si se hubiera llevado a cabo alguna actuación para su comisión—.

Además, para entender que existe infracción resulta suficiente con la existencia de un acuerdo. Resultará indistinto si la intención no es perjudicar a la competencia pues, si se estima que puede producir este efecto, será suficiente. También puede ocurrir que el acuerdo inicial

8 Dado que se produce una presunción, resulta una práctica peligrosa presuponerlo, pero en muchas ocasiones no existe otra opción, pues puede devenir imposible acreditarlo.

pudiera parecer inocuo y no producir problema alguno respecto a la competencia, al menos analizado de inicio, pero que haya producido efectos colusorios. En tal caso, se entenderá también objeto de sanción. Finalmente, existe una tercera posibilidad; que se produzca un resultado contrario a la competencia, sin ser este el resultado buscado, o no el principal. En tal caso, también se entenderá objeto de sanción.

En definitiva, lo importante para la normativa es la producción del hecho. Por ello, resulta imprescindible que exista una relación de causalidad entre la conducta realizada y la alteración de la competencia.

Cuando se imponga dicha sanción, sí se tendrá en cuenta la intencionalidad de las partes, y el posible conocimiento antes de la realización del acuerdo de los efectos que ha ocasionado. Así lo indica el artículo 63.1 de la Ley de Defensa de la Competencia, que diferencia entre la producción de los efectos de manera negligente o deliberada, tipificando las sanciones como leves, graves o muy graves.

> Redacción del artículo 63 de la Ley de Defensa de la Competencia: «1. Los órganos competentes podrán imponer a los agentes económicos, empresas, asociaciones, uniones o agrupaciones de aquellas que, deliberadamente o por negligencia, infrinjan lo dispuesto en la presente ley las siguientes sanciones, para cada una de las infracciones declaradas:
>
> a) Las infracciones leves con multa de hasta el 1 por ciento del volumen de negocios total mundial de la empresa infractora en el ejercicio inmediatamente anterior al de la imposición de la multa.
>
> b) Las infracciones graves con multa de hasta el 5 por ciento del volumen de negocios total mundial de la empresa infractora en el ejercicio inmediatamente anterior al de la imposición de la multa.
>
> c) Las infracciones muy graves con multa de hasta el 10 por ciento del volumen de negocios total mundial de la empresa infractora en el ejer-

cicio inmediatamente anterior al de imposición de la multa.

El volumen de negocios total de las asociaciones, uniones o agrupaciones de empresas se determinará tomando en consideración el volumen de negocios total mundial de sus miembros, salvo cuando en el mismo expediente se sancione tanto a empresas asociadas como a la asociación a la que pertenecen. En este caso, para la determinación del volumen de negocios total de las asociaciones, uniones o agrupaciones de empresas no se computará el volumen de negocios total mundial de las empresas asociadas que hayan sido sancionadas en el mismo expediente.

2. Además de la sanción prevista en el apartado anterior, cuando el infractor sea una persona jurídica, se podrá imponer una multa de hasta 60.000 euros a cada uno de sus representantes legales o a las personas que integran los órganos directivos que hayan intervenido en la conducta.

Quedan excluidas de la sanción aquellas personas que, formando parte de los órganos colegiados de administración, no hubieran asistido a las reuniones o hubieran votado en contra o salvado su voto.

3. En caso de que no sea posible delimitar el volumen de negocios a que se refiere el apartado 1, las infracciones tipificadas en la presente ley serán sancionadas en los términos siguientes:

a) Las infracciones leves con multa de 100.000 a 500.000 euros.

b) Las infracciones graves con multa de 500.001 hasta 10 millones de euros.

c) Las infracciones muy graves con multa de más de 10 millones de euros».

Por último, el tercer elemento es el ámbito territorial de producción del hecho. Así, se precisa por la normativa la necesidad de que la restricción de la competencia tenga lugar en todo el mercado nacional o en una parte sustancial del mismo, cuando nos refiramos a Derecho estatal. En cambio, si nos referimos a Derecho comunitario, la conducta deberá producirse en todo el territorio del viejo continente o en una parte sustancial de este.

El primer problema que encontraremos a este respecto es cuándo entender que se ha producido o no en una parte sustancial del territorio español o, en su caso, europeo.

No obstante, lo verdaderamente determinante para entender producida la conducta es que los efectos anticompetitivos, sean reales —porque ya se han producido— o potenciales —porque podrían producirse en el futuro tras llevar a cabo la actuación, o de llevarla a cabo—, tengan lugar en el territorio en cuestión.

Nos encontramos, en este aspecto, frente al criterio que determina el ámbito de aplicación de la normativa comunitaria, y de la nacional frente a las autonómicas.

1.1. Catálogo de supuestos prohibidos y consecuencias jurídicas

Se entiende que las conductas que reúnan los tres elementos señalados anteriormente se encuentran prohibidas.

Sin embargo, o a pesar de disponer de esta regla general, tanto la Ley de Defensa de la Competencia, como el Tratado sobre el Funcionamiento de la Unión Europea relacionan, con carácter meramente ejemplificativo —por lo tanto, sin ánimo de exhaustividad ni actuando a modo de listado cerrado— una serie de conductas prohibidas.

En este sentido, se recoge como conducta prohibida la fijación, ya sea de manera directa o indirecta, de precios o de otras condiciones comerciales o de servicio, así como el control de la producción, el de la distribución o el desarrollo técnico, entre varias otras.

Igualmente, también se refiere la normativa a la aplicación, en las diferentes relaciones comerciales o de servicio, de condiciones desiguales para prestaciones que sean equivalentes, colocando de esta manera a unos competidores en situación más o menos ventajosa que a otros, lo que directamente implica un trato distinto a unos y otros, algo que no se encuentra permitido.

Las consecuencias jurídicas que se derivan de la inobservancia de la prohibición legal de estas conductas son varias. En primer lugar, debe indicarse que, por supuesto, la realización de conductas colusorias se encuentra prohibida.

Del mismo modo, la infracción de esta prohibición encuentra sanción de modo contundente, procediéndose a la nulidad de los acuerdos, decisiones y recomendaciones insertas en estas conductas, tal y como indican los artículos 1.2 de la Ley de Defensa de la Competencia y 101.2 del Tratado sobre el Funcionamiento de la Unión Europea.

La nulidad, además, deviene automáticamente, sin requerirse ningún tipo de declaración judicial en este sentido. Debe señalarse, no obstante, que la nulidad puede ser total, pero igualmente puede tener un carácter parcial, lo que implicará únicamente que algunas cláusulas del contrato pierdan validez, mientras que el resto del contrato continúe surtiendo efectos entre las partes.

Del mismo modo, la realización de la conducta prohibida implicará infracción administrativa, lo que puede a su vez dar lugar a la imposición de sanción en este sentido, tal y como indica el artículo 62 de la Ley de Defensa de la Competencia.

> Redacción del artículo 62 de la Ley de Defensa de la Competencia: «1. Las infracciones establecidas en la presente ley se clasifican en leves, graves y muy graves.
>
> 2. Son infracciones leves:
>
> a) Haber presentado a la Comisión Nacional de los Mercados y la Competencia la notificación de la concentración económica fuera de los plazos previstos en los artículos 9.3.a) y 9.5.
>
> b) No haber notificado una concentración requerida de oficio por la Comisión Nacional de los Mercados y la Competencia según lo previsto en el artículo 9.5.

3. Son infracciones graves:

a) El falseamiento de la libre competencia por actos desleales en los términos establecidos en el artículo 3.

b) La ejecución de una concentración sujeta a control de acuerdo con lo previsto en esta ley antes de haber sido notificada a la Comisión Nacional de los Mercados y la Competencia o antes de que haya recaído y sea ejecutiva resolución expresa o tácita autorizando la misma sin que se haya acordado el levantamiento de la suspensión.

c) La obstrucción por cualquier medio de la labor de la Comisión Nacional de los Mercados y la Competencia en el marco de un requerimiento de información, una entrevista o una inspección, contraviniendo las obligaciones establecidas respectivamente en los artículos 39, 39 bis y 40. Entre otras, constituyen obstrucción a la labor de la Comisión Nacional de los Mercados y la Competencia las siguientes conductas:

1.º No presentar o hacerlo de forma incompleta, incorrecta, engañosa o falsa, los libros, documentos o cualquier otra información solicitada por la Comisión Nacional de los Mercados y la Competencia en el marco de un requerimiento de información o una inspección.

2.º No comparecer, no someterse a una entrevista o responder a las preguntas formuladas por la Comisión Nacional de los Mercados y la Competencia de forma incompleta, inexacta o engañosa.

3.º No responder a las preguntas formuladas por la Comisión Nacional de los Mercados y la Competencia en el marco de lo previsto en el artículo 40.5.f) de esta ley, o hacerlo de forma incompleta, inexacta o engañosa.

4.º Romper los precintos colocados por la Comisión Nacional de los Mercados y la Competencia en el marco de una inspección.

4. Son infracciones muy graves:

a) El desarrollo de conductas tipificadas en el artículo 1 de esta ley y en el artículo 101 del Tratado de Funcionamiento de la Unión Europea.

b) El abuso de posición de dominio tipificado en el artículo 2 de esta ley y en el artículo 102 del Tratado de Funcionamiento de la Unión Europea.

c) Incumplir o contravenir lo establecido en una resolución, acuerdo o compromiso adoptado en aplicación de la presente ley, tanto en materia de conductas restrictivas como de control de concentraciones».

1.2. Exenciones a las conductas colusorias

Si bien la producción de algún tipo de conducta colusoria acarrea, como regla general, una práctica no permitida y que supondrá algún tipo de sanción, esto no es siempre así, pues existen exenciones.

Así, las conductas colusorias no resultarán prohibidas cuando, aunque reúnan todos los requisitos que la determinan y se han señalado con anterioridad, cumplan los presupuestos para estar consideradas como exentas.

Esto se produce en dos supuestos distintos: cuando cumplan las condiciones establecidas en los Reglamentos de exención por categorías, y cuando reúnan los requisitos que se encuentran previstos en la Ley de Defensa de la Competencia y en el Tratado sobre el Funcionamiento de la Unión Europea.

En este sentido, los Reglamentos de exención por categorías pueden ser comunitarios o nacionales. Los primeros también resultarán de aplicación en nuestro país, aunque las conductas no afectan al comercio producido entre los Estados miembros de la Unión Europea[9], tal y como indica el artículo 1.4 de la Ley de Defensa de la Competencia.

9 Como ocurre, por ejemplo, en los acuerdos de transferencia de tecnología.

Para que pueda entenderse que la conducta colusoria en cuestión no sea prohibida y sancionada, debe cumplir una serie de requisitos, recogidos tanto en la normativa nacional como en la comunitaria. En este sentido, deben contribuir a la mejoría de la producción o comercialización y distribución de bienes y servicios, o a la promoción y el progreso, ya sea técnico o económico, siempre que permitan a los consumidores o usuarios participar de manera equitativa de las ventajas obtenidas y no se impongan a las empresas interesadas restricciones que no resulten indispensables para lograr los objetivos. Además, no deben permitir a las empresas partícipes la supresión —o la posibilidad de supresión— de la competencia. Recogen todos estos condicionantes los artículos 1.3 de la Ley de Defensa de la Competencia y 101.3 del Tratado sobre el Funcionamiento de la Unión Europea.

Para la realización de la valoración de la concurrencia de los diferentes requisitos exigidos y, por tanto, para que no se produzca sanción alguna por la realización de la práctica colusoria, se atiende en primera instancia a los operadores económicos, sin que resulte precisa decisión alguna en este sentido.

Se trata del denominado sistema de autoevaluación, recogido en el artículo 1.3 de la Ley de Defensa de la Competencia. Este sistema venía definido anteriormente en el Reglamento (CE) 1/2003, relativo a la aplicación de las normas sobre competencia previstas en los artículos 81 y 82 del Tratado[10].

En esencia, este sistema de autoevaluación tiene como efecto directo la responsabilización a las empresas respecto a su comportamiento en el mercado, pues, al no encontrarse obligadas a la notificación a la Comisión, deben garantizar, aplicando la buena fe, que sus acuerdos no afectan en ningún caso la libre competencia y que no infringen las distintas normas existentes al respecto.

10 Con la enumeración actual de los artículos, se corresponde con los 101 y 102 del Tratado sobre el Funcionamiento de la Unión Europea.

Para eliminar, en la medida de lo posible, abusos, las autoridades de la competencia y los distintos órganos jurisdiccionales nacionales de los Estados miembros adquieren un mayor compromiso respecto a la vigilancia y el cumplimiento de las normas de la competencia. Además, resulta posible un control posterior respecto a si confluían o no las condiciones que dieron lugar a la exención.

2. Prácticas abusivas

Se entiende por práctica abusiva la explotación de carácter abusivo, por una o varias empresas, de una posición de dominio en todo o en parte del mercado, como indican los artículos 2.1 de la Ley de Defensa de la Competencia y 102 del Tratado sobre el Funcionamiento de la Unión Europea.

> Redacción del artículo 2 de la Ley de Defensa de la Competencia: «1. Queda prohibida la explotación abusiva por una o varias empresas de su posición de dominio en todo o en parte del mercado nacional.
>
> 2. El abuso podrá consistir, en particular, en:
>
> a) La imposición, de forma directa o indirecta, de precios u otras condiciones comerciales o de servicios no equitativos.
>
> b) La limitación de la producción, la distribución o el desarrollo técnico en perjuicio injustificado de las empresas o de los consumidores.
>
> c) La negativa injustificada a satisfacer las demandas de compra de productos o de prestación de servicios.
>
> d) La aplicación, en las relaciones comerciales o de servicios, de condiciones desiguales para prestaciones equivalentes, que coloque a unos competidores en situación desventajosa frente a otros.
>
> e) La subordinación de la celebración de contratos a la aceptación de prestaciones suplementarias que, por su naturaleza o con arreglo a los usos de comercio no guarden relación con el objeto de dichos contratos.

3. La prohibición prevista en el presente artículo se aplicará en los casos en los que la posición de dominio en el mercado de una o varias empresas haya sido establecida por disposición legal».

No está castigándose la consecución de una posición de dominio en el mercado, ni disfrutar de la misma e intentar conservarla. Resulta inherente a toda actividad empresarial intentar la mejoría de los resultados cada ejercicio, y buscar el aumento de la penetración en el mercado. En este aspecto, si la consecución de dichos logros es resultado de una buena gestión y política empresarial, no existe inconveniente alguno. Una vez alcanzada la posición de dominación del mercado, si no se realiza ningún acto contra la competencia, proveedores, distribuidores o consumidores, tampoco existirá sanción alguna al respecto.

Por lo tanto, para incurrir en la práctica abusiva no resulta suficiente con la obtención de una posición de dominio, sino que hay que prevalerse de ella, explotar esa posición de dominio en el mercado.

El concepto de práctica abusiva exige la concurrencia de dos presupuestos, como son la existencia de esta posición de dominio en el mercado —sea en todo el mercado nacional o comunitario, o sólo en parte de él— y, además, el ejercicio abusivo del poder obtenido.

2.1. Posición de dominio en el mercado

En términos económicos, la posición de dominio en el mercado deviene unida a la falta de competencia sustancial. Es decir, a la posibilidad que tiene una empresa de modificar unilateralmente los precios, o cualquier otra condición del mercado, sin considerar a sus competidores, proveedores o clientes. Esto es así porque, ostenta tal posición de control sobre el mercado, que puede actuar libremente sin ver sus beneficios mermados.

Existe, por lo tanto, una posición dominante cuando, como consecuencia de una decisión y comportamiento de carácter unilateral o de acuerdo con otras compañías, —e injustificado por situaciones de mercado, o independientes al mercado, pero inherentes a la empresa[11]—, la sociedad afectada pueda mantener un comportamiento independiente y, en especial, tenga la capacidad de determinar por sí sola los precios del sector, o implicar la incapacidad de las empresas rivales para ampliar sus cuotas de mercado.

Deben, pues, considerarse dos factores distintos, como son la delimitación de los mercados relevantes del producto en su ámbito geográfico, y la identificación de la posición que encuentra en cada momento la empresa en otros mercados.

El mercado geográfico que se entiende como relevante es aquel que presenta una serie de condiciones de carácter homogéneo y que, además, sean diferentes a las existentes en áreas limítrofes debido a cuestiones como, por ejemplo, el idioma[12] o los impuestos aplicables a los productos.

El mercado relevante del producto no comprende única y exclusivamente los bienes y servicios que sean idénticos al mismo, sino también los que resulten similares y los sustituibles por aquellos, en atención a la función que cumplan, el precio o sus distintos atributos y características.

11 Situaciones de mercado que justifiquen, por ejemplo, un aumento en el precio de venta de sus productos podrían ser el encarecimiento de las materias primas necesarias para la producción de los bienes que ofrezca en el mercado, o un incremento de los costes de transporte. Situaciones inherentes a la empresa podría ser la producción de un incendio en alguna fábrica y la necesidad, como consecuencia, de externalizar la producción o construir una nueva factoría, lo que supondría importantes cantidades de dinero que no estaban previstas por la empresa.
En cualquier caso, como puede observarse, serían aumentos en el precio por cuestiones objetivas.

12 Basándonos en esta consideración, podríamos entender como mercados distintos el español y el portugués, o el español y el francés, por ejemplo. Sin embargo, no podrían entenderse como mercados distintos el aragonés y el catalán, pues en ambos territorios rige el castellano como idioma oficial de la zona, de manera que sus habitantes deben conocerlo -o, cuanto menos, se entiende que deben conocerlo-.

No obstante, en la práctica no resulta tan sencilla esta apreciación, obedeciendo en algunos aspectos a criterios subjetivos. Por ejemplo, hay para quien resultará indistinto utilizar un lapicero o un bolígrafo o pluma estilográfica para tomar apuntes. Sin embargo, otras personas considerarán que no resultan sustituibles unos bienes por otros, argumentando que si hacen las anotaciones con lapicero podrán borrarla si se equivocan, o alegando que prefieren realizarlas con bolígrafo porque así perduran mejor con el transcurso del tiempo.

En relación a la identificación de la posición que ocupa la empresa en los distintos mercados, no resulta posible circunscribir la existencia o no de posición de dominio en el mercado en función de la cuota de mercado. Deberán considerarse otros factores igualmente importantes, como la existencia o no de barreras de entrada al mercado, la estructura de los mercados afectos o la posición que ocupan en dichos mercados las distintas partes interesadas. Del mismo modo, resultará necesario conocer si existe posibilidad de elección por parte de terceros, o si se respetan los intereses de los consumidores, entre muchos otros.

2.2. Explotación abusiva de una posición de dominio en el mercado

La determinación de cuándo está o no produciéndose por parte de una empresa de la explotación abusiva de una posición de dominio en el mercado es una cuestión de compleja delimitación.

En función de lo recogido por la jurisprudencia, el abuso de posición dominante es una modalidad singular de abuso de derecho, resultando por lo tanto un tipo cualificado de este.

De esta manera, los tribunales entienden que, prevaliéndose de la privilegiada libertad económica de la que goza en tal situación la empresa dominante, se sobrepasan los límites normales del ejercicio del derecho, para la consecución de ventajas que carecen de justificación y que no habría podido lograr de existir en el mercado una competencia suficientemente eficaz. Esto, por tanto, provoca una lesión directa a los intereses de los terceros, incluso del interés general, al cual, no lo olvidemos, busca proteger el sistema de defensa de la competencia.

Para entender la producción de esta explotación abusiva de una posición de dominio en el mercado debe existir nexo causal entre la posición dominante y el abuso de esta posición. Algunos ejemplos de estas prácticas son la imposición, de forma directa o indirecta, de precios u otras condiciones comerciales o de servicios que no resulten equitativos para la contraparte.

2.3. Consecuencias jurídicas de la explotación abusiva de una posición de dominio en el mercado

Como ha podido deducirse de todo lo señalado anteriormente, la explotación abusiva por una o por varias empresas de su posición de dominio en el mercado, ya sea en todo el mercado o en parte del mismo, se encuentra prohibida. Así lo recogen los artículos 2.1 de la Ley de Defensa de la Competencia y 102 del Tratado sobre el Funcionamiento de la Unión Europea.

La prohibición relativa a este abuso se limita a la sanción respecto a los atentados que se producen a la libre competencia por parte de empresas que se encuentren en posición de dominio del mercado, aunque se trate de comportamientos de carácter unilateral.

La prohibición en cuestión es directa y absoluta, pudiendo dar lugar a la imposición de sanciones, como indica el artículo 62 de la Ley de Defensa de la Competencia. En este sentido, además, debe señalarse que, al contrario de lo que ocurría con las conductas colusorias, no existen exenciones a esta práctica. Igualmente, existe la posibilidad de reclamación de daños y perjuicios.

3. Falseamiento de la libre competencia por actos desleales

La Ley de Defensa de la Competencia incluye en su artículo 3 los actos de competencia desleal que, por falsear la libre competencia, afecten al interés público.

> Redacción del artículo 3 de la Ley de Defensa de la Competencia: «La Comisión Nacional de la Competencia o los órganos competentes de las Comunidades Autónomas conocerán en los términos que la presente Ley establece para las conductas prohibidas, de los actos de competencia desleal que por falsear la libre competencia afecten al interés público».

Esto implica que se produzca la concurrencia de tres supuestos, de carácter cumulativo, como son que exista un acto de competencia desleal —en los términos recogidos en la legislación específica en la materia—, que el acto en cuestión afecte a la libertad de competencia en el mercado, y que el acto no afecte al interés público.

Se trata de tres supuestos que deben producirse siempre pues, de lo contrario, no resultará aplicable la normativa que protege la libre competencia, sino la que regula la competencia de carácter desleal.

La previsión del legislador obedece a un doble propósito. Por un lado, el de coordinar la aplicación de la normativa sobre libre competencia y competencia desleal. Por otro lado, sancionar las distintas conductas que atenten contra la libre competencia y que no puedan entenderse ni como colusorias ni como abusivas, como por ejemplo las ventas a pérdida, que se encuentran prohibidas[13].

---

13 Las ventas a pérdida se encuentran prohibidas en algunas situaciones concretas, como si se realizan en la búsqueda de perjudicar a los competidores. En cambio, se permiten en otros supuestos.

4. Supuestos de dispensa de las prohibiciones

Las prohibiciones relativas a conductas colusorias, las establecidas para el abuso de posición dominante, y las recogidas respecto al falseamiento de la competencia por actos desleales no se aplican en tres supuestos concretos, que son los siguientes:

- En caso de que la conducta deba estimarse exenta por Ley.
- Cuando sean declaradas inaplicables por el órgano competente.
- Hipótesis de acuerdos de menor importancia.

Si la conducta se estima exenta por Ley, obedecerá a un criterio similar al existente en la responsabilidad del empresario por la producción de un bien concreto. En dicho caso, si se ha debido el fallo del producto a una característica que debía tener, o una tecnología introducida por obligación normativa, se exime de responsabilidad al productor. Si existe, en el caso que nos ocupa en la actualidad, una normativa que permite la realización de la conducta, por el motivo que sea, se entenderá que esta es correcta y, por lo tanto, no se aplicará la regla general —que implicaría la apreciación de conducta ilícita y sanción—, sino la dispensa de la prohibición. Las conductas exentas por ley se encuentran recogidas en el artículo 4 de la Ley de Defensa de la Competencia.

> Redacción del artículo 4 de la Ley de Defensa de la Competencia: «1. Sin perjuicio de la eventual aplicación de las disposiciones comunitarias en materia de defensa de la competencia, las prohibiciones del presente capítulo no se aplicarán a las conductas que resulten de la aplicación de una ley.
> 2. Las prohibiciones del presente capítulo se aplicarán a las situaciones de restricción de competencia que se deriven del ejercicio de otras potestades administrativas o sean causadas por la actuación de los poderes públicos o las empresas públicas sin dicho amparo legal».

En cambio, si el órgano competente considera que resulta inaplicable la posibilidad de sanción, no será una normativa la que establezca dicha posibilidad, sino decisión del propio órgano responsable.

Queda un tercer supuesto, como son los acuerdos de menor importancia. Es estos casos, nos encontramos con una doble vertiente, tanto de carácter positivo, como negativo.

En lo que respecta a la delimitación de carácter positivo, se encuentran englobadas todas aquellas conductas que, debido a su escasa importancia, no resultan por sí mismas capaces de afectas de manera significativa a la competencia, como indica el artículo 5 de la Ley de Defensa de la Competencia. En este sentido, se entiende la escasa importancia en función de la cuota de mercado que resulta afectada, aplicándose, en caso de compañías rivales, un máximo del 15 % de cuota de mercado por compañía, en cada uno de los mercados en que realicen la actuación. La opción del porcentaje concreto de cuota de mercado obedece a una decisión del legislador, cuya intención busca la mayor objetividad posible, y bien podría haberse marcado una cantidad distinta.

> Redacción del artículo 5 de la Ley de Defensa de la Competencia: «Las prohibiciones recogidas en los artículos 1 a 3 de la presente Ley no se aplicarán a aquellas conductas que, por su escasa importancia, no sean capaces de afectar de manera significativa a la competencia. Reglamentariamente se determinarán los criterios para la delimitación de las conductas de menor importancia, atendiendo, entre otros, a la cuota de mercado».

En lo concerniente a la delimitación negativa, aunque no se superen las cuotas de mercado establecidas, existen ciertos supuestos que en ningún caso podrán resultar válidos. En este sentido, encontramos aquellos que contengan una o más restricciones que sean consideradas como especialmente graves —en función de los criterios establecidos en los artículos 1.1 de la Ley de Defensa de la Competencia y el artículo 101.1 del Tratado sobre el Funcionamiento de la Unión Europea. A este respecto, por ejemplo, puede señalarse la delimitación del precio de venta de un producto a terceros, o el control del reparto de mercados y clientes entre varias compañías.

5. Control de las operaciones de concentración económica

Se entiende como concentración económica toda operación que implique un cambio estable del control de la totalidad, o de una parte, de una o varias empresas.

Se estima que puede producirse este cambio de control como consecuencia de varias actuaciones:

- Fusión de dos o más sociedades anteriormente independientes: donde existían dos, o más compañías diferentes, termina existiendo únicamente una. Además, se produce también la posibilidad de un control sobre la nueva sociedad de una de las fusionadas, que obtenga mayor porcentaje en la operación, o que todas las compañías accedan a la nueva sociedad con igual cuota de participación.
- Adquisición de una empresa del control sobre la totalidad o parte de una o varias empresas: se produce la compra de una o varias empresas, bien de manera parcial —independientemente del porcentaje, pero que permita tener todo o un importante control respecto a la compañía adquirida— o de todo el conjunto de la compañía.
- Creación de una empresa en participación, las conocida como joint venture. En esta operación, dos compañías unen sus fuerzas para la creación de una tercera, participando, habitualmente, en un porcentaje similar.
- Adquisición del control conjunto sobre una o varias empresas, cuando estas desempeñen de manera permanente todas las funciones de una entidad económica autónoma.

El control no tiene que resultar necesariamente en derechos de propiedad sobre los activos de la empresa controlada. Puede derivar en el derecho de uso o de otros derechos y contratos que permitan influir decisivamente sobre la composición, deliberaciones o decisiones de los órganos de una empresa. En cualquier caso, permitirá un control activo sobre la compañía, no resultando importantes, para el caso que nos ocupa, pequeñas compras que no impliquen ninguna posibilidad de control en las decisiones de la sociedad.

La normativa regulatoria de las concentraciones económicas parte de un principio: que las reorganizaciones y concentraciones de empresas deben valorarse de manera positiva, pues entiende que estas operaciones no hacen sino responder a las exigencias de una competencia que tiene un carácter dinámico. Además, considera que estas operaciones pueden suponer un incremento de la competitividad de la compañía y, por tanto, de la industria, mejorando las posibilidades de crecimiento económico y, en última ratio, incluso el nivel de vida de la sociedad en su conjunto.

Pero esta visión tan optimista tiene su contrapunto en la convicción de la necesaria vigilancia de las operaciones, para la garantía de que el proceso de reestructuración de la nueva compañía no implique un perjuicio duradero a la competencia. Evidentemente, si con la unión de dos o más compañías de cierta relevancia en el sector, se crea un conglomerado industrial que copará la mayor parte del mercado —siempre respetando, por supuesto, las normas antimonopolio—, la cuota de poder de la nueva empresa será mayor, y en cierta medida perjudicará los intereses de sus rivales, pero se entiende que eso es parte del mercado.

En este aspecto, tanto el Derecho nacional como el comunitario contienen regulaciones para los supuestos concretos. Del régimen nacional puede destacarse la Ley de Defensa de la Competencia, artículos 7 a 10 —transcritos a continuación—, y el 55 y siguientes. De la normativa comunitaria, destaca el Reglamento (CE) n.º 139/2004 del Consejo, sobre el control de las concentraciones entre empresas.

Redacción del artículo 7 de la Ley de Defensa de la Competencia: «1. A los efectos previstos en esta Ley se entenderá que se produce una concentración económica cuando tenga lugar un cambio estable del control de la totalidad o parte de una o varias empresas como consecuencia de:

a) La fusión de dos o más empresas anteriormente independientes, o

b) La adquisición por una empresa del control sobre la totalidad o parte de una o varias empresas.

c) La creación de una empresa en participación y, en general, la adquisición del control conjunto sobre una o varias empresas, cuando éstas desempeñen de forma permanente las funciones de una entidad económica autónoma.

2. A los efectos anteriores, el control resultará de los contratos, derechos o cualquier otro medio que, teniendo en cuenta las circunstancias de hecho y de derecho, confieran la posibilidad de ejercer una influencia decisiva sobre una empresa y, en particular, mediante:

a) derechos de propiedad o de uso de la totalidad o de parte de los activos de una empresa,

b) contratos, derechos o cualquier otro medio que permitan influir decisivamente sobre la composición, las deliberaciones o las decisiones de los órganos de la empresa.

En todo caso, se considerará que ese control existe cuando se den los supuestos previstos en el artículo 4 de la Ley 24/1988, de 28 de julio, del Mercado de Valores.

3. No tendrán la consideración de concentración:

a) La mera redistribución de valores o activos entre empresas de un mismo grupo.

b) La tenencia con carácter temporal de participaciones que hayan adquirido en una empresa para su reventa por parte de una entidad de crédito u otra entidad financiera o compañía de seguros cuya actividad normal incluya la transacción y negociación de títulos por cuenta propia o por cuenta de terceros, siempre y cuando los derechos de voto inherentes a esas participaciones no se ejerzan con objeto de determinar el comportamiento competitivo de dicha empresa o sólo se ejerzan con el fin de preparar la realización de la totalidad o de parte de la empresa o de sus activos o la realización de las participaciones, y siempre que dicha realización se produzca en el plazo de un año desde la fecha de la adquisición. Con carácter excepcional, la Comisión Nacional de la Competencia podrá ampliar ese plazo previa solicitud cuando dichas entidades o sociedades justifiquen que no ha sido razonablemente posible proceder a la realización en el plazo establecido.

c) Las operaciones realizadas por sociedades de participación financiera en el sentido del apartado 3 del artículo 5 de la cuarta Directiva 78/660/CEE del Consejo, de 25 de julio de 1978, que adquieran con carácter temporal participaciones en otras empresas, siempre que los derechos de voto inherentes a las participaciones sólo sean ejercidos para mantener el pleno valor de tales inversiones y no para determinar el comportamiento competitivo de dichas empresas.

d) La adquisición de control por una persona en virtud de un mandato conferido por autoridad pública con arreglo a la normativa concursal».

Redacción del artículo 8 de la Ley de Defensa de la Competencia: «1. El procedimiento de control previsto en la presente ley se aplicará a las concentraciones económicas cuando concurra al menos una de las dos circunstancias siguientes:

a) Que como consecuencia de la concentración se adquiera o se incremente una cuota igual o superior al 30 por ciento del mercado relevante de producto o servicio en el ámbito nacional o en un mercado geográfico definido dentro del mismo.

Quedan exentas del procedimiento de control todas aquéllas concentraciones económicas en las que, aun cumpliendo lo establecido en ésta letra a), el volumen de negocios global en España de la sociedad adquirida o de los activos adquiridos en el último ejercicio contable no supere la cantidad de 10 millones de euros, siempre y cuando las partícipes no tengan una cuota individual o conjunta igual o superior al 50 por ciento en cualquiera de los mercados afectados, en el ámbito nacional o en un mercado geográfico definido dentro del mismo.

b) Que el volumen de negocios global en España del conjunto de los partícipes supere en el último ejercicio contable la cantidad de 240 millones de euros, siempre que al menos dos de los partícipes realicen individualmente en España un volumen de negocios superior a 60 millones de euros.

2. Las obligaciones previstas en la presente Ley no afectan a aquellas concentraciones de dimensión comunitaria tal como se definen en el Reglamento (CE) n.º 139/2004 del Consejo, de 20 de enero, sobre el control de las concentraciones entre empresas, salvo que la concentración haya sido objeto de una decisión de remisión por la Comisión Europea a España conforme a lo establecido en el citado Reglamento».

Redacción del artículo 9 de la Ley de Defensa de la Competencia: «1. Las concentraciones económicas que entren en el ámbito de aplicación del artículo anterior deberán notificarse a la Comisión Nacional de la Competencia previamente a su ejecución.

2. La concentración económica no podrá ejecutarse hasta que haya recaído y sea ejecutiva la autorización expresa o tácita de la Administración en los términos previstos en el artículo 38, salvo en caso de levantamiento de la suspensión.

3. Los apartados anteriores no impedirán realizar una oferta pública de adquisición de acciones admitidas a negociación en una bolsa de valores autorizada por la Comisión Nacional del Mercado de Valores que sea una concentración económica sujeta a control de acuerdo con lo previsto en la presente Ley, siempre y cuando:

a) la concentración sea notificada a la Comisión Nacional de la Competencia en el plazo de cinco días desde que se presenta la solicitud de la autorización de la oferta a la Comisión Nacional del Mercado de Valores, en caso de no haber sido notificada con anterioridad, y

b) el comprador no ejerza los derechos de voto inherentes a los valores en cuestión o sólo los ejerza para salvaguardar el valor íntegro de su inversión sobre la base de una dispensa concedida por la Comisión Nacional de la Competencia.

4. Están obligados a notificar:

a) Conjuntamente las partes que intervengan en una fusión, en la creación de una empresa en participación o en la adquisición del control conjunto sobre la totalidad o parte de una o varias empresas.

b) Individualmente, la parte que adquiera el control exclusivo sobre la totalidad o parte de una o varias empresas.

5. En el caso de que una concentración sujeta a control según lo previsto en la presente Ley no hubiese sido notificada a la Comisión Nacional de la Competencia, ésta, de oficio, requerirá a las partes obligadas a notificar para que efectúen la correspondiente notificación en un plazo no superior a veinte días a contar desde la recepción del requerimiento.

No se beneficiarán del silencio positivo previsto en el artículo 38 aquellas concentraciones notificadas a requerimiento de la Comisión Nacional de la Competencia.

Transcurrido el plazo para notificar sin que se haya producido la notificación, la Dirección de Investigación podrá iniciar de oficio el expediente de control de concentraciones, sin perjuicio de la aplicación de las sanciones y multas coercitivas previstas en los artículos 61 a 70.

6. El Consejo de la Comisión Nacional de la Competencia podrá acordar el levantamiento de la suspensión de la ejecución de la concentración a que se refiere el apartado 2 de este artículo, a propuesta de la Dirección de Investigación y previa

solicitud motivada.

La resolución se dictará previa ponderación, entre otros factores, del perjuicio que causaría la suspensión de la ejecución a las empresas partícipes en la concentración y del que la ejecución de la operación causaría a la libre competencia.

El levantamiento de la suspensión de la ejecución podrá estar subordinado al cumplimiento de condiciones y obligaciones que garanticen la eficacia de la decisión que finalmente se adopte».

Redacción del artículo 10 de la Ley de Defensa de la Competencia: «1. La Comisión Nacional de la Competencia valorará las concentraciones económicas atendiendo a la posible obstaculización del mantenimiento de una competencia efectiva en todo o en parte del mercado nacional.

En concreto, la Comisión Nacional de la Competencia adoptará su decisión atendiendo, entre otros, a los siguientes elementos:

a) la estructura de todos los mercados relevantes,

b) la posición en los mercados de las empresas afectadas, su fortaleza económica y financiera,

c) la competencia real o potencial de empresas situadas dentro o fuera del territorio nacional,

d) las posibilidades de elección de proveedores y consumidores, su acceso a las fuentes de suministro o a los mercados,

e) la existencia de barreras para el acceso a dichos mercados,

f) la ovolución dc la oferta y de la demanda de los productos y servicios de que se trate,

g) el poder de negociación de la demanda o de la oferta y su capacidad para compensar la posición en el mercado de las empresas afectadas,

h) las eficiencias económicas derivadas de la operación de concentración y, en particular, la contribución que la concentración pueda aportar a la mejora de los sistemas de producción o comercialización así como a la competitividad empresarial, y la medida en que dichas eficiencias sean trasladadas a los consumidores intermedios y finales, en concreto, en la forma de una mayor o mejor oferta y de menores precios.

2. En la medida en que la creación de una empresa en participación sujeta al control de concentraciones tenga por objeto o efecto coordinar el comportamiento competitivo de empresas que continúen siendo independientes, dicha coordinación se valorará en función de lo establecido en los artículos 1 y 2 de la presente Ley.

3. En su caso, en la valoración de una concentración económica podrán entenderse comprendidas determinadas restricciones a la competencia accesorias, directamente vinculadas a la operación y necesarias para su realización.

4. El Consejo de Ministros, a efectos de lo previsto en el artículo 60 de esta Ley, podrá valorar las concentraciones económicas atendiendo a criterios de interés general distintos de la defensa de la competencia.

En particular, se entenderá como tales los siguientes:

a) defensa y seguridad nacional,

b) protección de la seguridad o salud públicas,

c) libre circulación de bienes y servicios dentro del territorio nacional,

d) protección del medio ambiente,

e) promoción de la investigación y el desarrollo tecnológicos,

f) garantía de un adecuado mantenimiento de los objetivos de la regulación sectorial».

6. Ayudas y subvenciones públicas

Se consideran ayudas públicas aquellas otorgadas por los Estados, o mediante fondos estatales, bajo cualquier forma que, favoreciendo a determinadas empresas o producciones, falseen o amenacen con poder falsear la competencia, afectando a los intercambios comerciales entre los distintos Estados miembros —como indica el artículo 107.1 del Tratado sobre el Funcionamiento de la Unión

Europea— o a los intercambios comerciales que sucedan en el interior del territorio español —como señala el artículo 11 de la Ley de Defensa de la Competencia—.

> Redacción del artículo 11 de la Ley de Defensa de la Competencia: «1. La Comisión Nacional de la Competencia, de oficio o a instancia de las Administraciones Públicas, podrá analizar los criterios de concesión de las ayudas públicas en relación con sus posibles efectos sobre el mantenimiento de la competencia efectiva en los mercados con el fin de:
>
> a) Emitir informes con respecto a los regímenes de ayudas y las ayudas individuales.
>
> b) Dirigir a las Administraciones Públicas propuestas conducentes al mantenimiento de la competencia.
>
> 2. En todo caso, la Comisión Nacional de la Competencia emitirá un informe anual sobre las ayudas públicas concedidas en España que tendrá carácter público en los términos previstos en el artículo 27.3.b) de la presente Ley.
>
> La Comisión Nacional de los Mercados y la Competencia remitirá a las Cortes Generales, a través de su Oficina Presupuestaria, un informe anual sobre las ayudas públicas concedidas en España. La Oficina pondrá dicha información a disposición de los Diputados, Senadores y las Comisiones parlamentarias
>
> 3. A los efectos de la realización de los informes y propuestas previstos en los apartados 1 y 2 de este artículo, el órgano responsable de la notificación a la Comisión Europea deberá comunicar a la Comisión Nacional de la Competencia:
>
> a) los proyectos de ayudas públicas incluidos en el ámbito de aplicación de los artículos 87 y 88 del Tratado CE, en el momento de su notificación a la Comisión Europea.
>
> b) las ayudas públicas concedidas al amparo de Reglamentos comunitarios de exención, así como los informes anuales recogidos en el artículo 21 del Reglamento (CE) n.º 659/1999 del Consejo, de 22 de marzo de 1999, en el momento de su notificación a la Comisión Europea.

La Comisión Nacional de la Competencia habilitará los mecanismos de información y comunicación necesarios para que la información recibida esté a disposición de los órganos de Defensa de la Competencia de las Comunidades Autónomas.

4. Sin perjuicio de lo anterior, la Comisión Nacional de la Competencia podrá requerir cualquier información en relación con los proyectos y las ayudas concedidas por las Administraciones públicas y, en concreto, las disposiciones por las que se establezca cualquier ayuda pública distinta de las contempladas en los apartados a) y b) del punto anterior.

5. Los órganos de Defensa de la Competencia de las Comunidades Autónomas podrán elaborar, igualmente, informes sobre las ayudas públicas concedidas por las Administraciones autonómicas o locales en su respectivo ámbito territorial, a los efectos previstos en el apartado 1 de este artículo. Estos informes se remitirán a la Comisión Nacional de la Competencia a los efectos de su incorporación al informe anual. Lo anterior se entenderá sin perjuicio de las funciones en este ámbito de la Comisión Nacional de la Competencia.

6. Lo establecido en este artículo se entenderá sin perjuicio de los artículos 87 a 89 del Tratado de la Comunidad Europea y del Reglamento (CE) n.º 659/1999 del Consejo, de 22 de marzo de 1999, y de las competencias de la Comisión Europea y de los órganos jurisdiccionales comunitarios y nacionales en materia de control de ayudas públicas».

Debe distinguirse ayuda de subvención, pues la acepción de la primera resulta más amplia que la segunda. Así, la ayuda incluye no sólo los beneficios consistentes en prestaciones positivas, sino también otros que reduzcan el presupuesto de gastos —como podría ser una exención fiscal—.

En esta cuestión, el término Estado debe entenderse en un sentido amplio, pues también se considera como tal cuando la ayuda no se otorga por la administración estatal, sino por entidades públicas con menor alcance territorial, como puede ser una autonomía, una provincia o un municipio.

En lo referente al régimen jurídico, podemos distinguir el comunitario y el nacional. No olvidemos, además, tal y como se ha señalado con anterioridad, que las ayudas públicas son un punto discordante entre la regulación europea y la española.

Respecto al ámbito comunitario, la legislación básica se encuentra inserta en los artículos 107 a 109 del Tratado sobre el Funcionamiento de la Unión Europea. Según indican, deben considerarse compatibles con el mercado interior las ayudas públicas en las que concurran los elementos necesarios, en la medida que afectan a los intercambios comerciales entre Estados miembros.

Comprenden, tanto las ayudas que afecten de hecho a los distintos intercambios comerciales que están produciéndose —es decir, la competencia actual, la que ya ocurre en el mercado—, como a los que pueden producir tal efecto en el futuro —la competencia potencial, que tal vez ocurra, o no—.

Además, se exige un determinado grado de afectación, que vendrá determinado por un importe fijo, en lo que se conoce como regla de mínimos. En este sentido, se marca la cantidad económica en un total de 200.000 euros, a percibir en un período de tres años, como límite general. Excepción hecha de las compañías de transporte de mercancías por carretera, cuyo límite, con el mismo marco temporal, asciende a únicamente 100.000 euros.

En los casos en que se entiende que una ayuda o un proyecto de ayuda no resulta compatible con el mercado interior, o que esta ayuda se aplica de una manera abusiva, la Comisión la analizará, para tomar la decisión respecto a qué realizar con la misma. Las opciones son la supresión, la modificación o la toma de medidas que se entiendan necesarias para la recuperación de la misma por parte del beneficiario, en el plazo determinado por la

Comisión, tal y como indica el artículo 108.2 del Tratado sobre el Funcionamiento de la Unión Europea[14].

En lo que respecta al régimen jurídico nacional, la legislación española sobre ayudas públicas concede unas facultades mínimas a la CNMyC. Así, reduce su capacidad de actuación a la mera emisión de informes y formulación de propuestas, que bien pueden ser realizadas de oficio, o por instancia de las administraciones públicas.

Además, la CNMyC emitirá un informe, con carácter anual, respecto a las distintas ayudas públicas concedidas en España, que tendrá carácter público. El análisis de estas ayudas englobará aspectos jurídicos y económicos, pudiendo valorarse en ellos cuestiones como el plan estratégico en el cual se integra la ayuda percibida, como indican los artículos 7 y 8 del Reglamento de Defensa de la Competencia.

> Redacción del artículo 7 del Reglamento de Defensa de la Competencia: «1. De acuerdo con lo dispuesto en los apartados 1 y 4 del artículo 11 de la Ley 15/2007, de 3 de julio, y teniendo en cuenta lo previsto en el artículo 39 de la citada Ley, previo requerimiento de la Comisión Nacional de la Competencia, las Administraciones públicas deberán facilitar a ésta en el plazo establecido, toda la información que la Comisión Nacional de la Competencia considere necesaria a los efectos de la realización de los informes y propuestas previstos en los apartados 1, 2 y 4 del citado artículo 11, de la Ley 15/2007, de 3 de julio.
>
> 2. Cuando la Comisión Nacional de la Competencia actúe a instancia de otra Administración Pública, de acuerdo con lo dispuesto en el artículo 11.1 de la Ley 15/2007, de 3 de julio, ésta deberá identificar los órganos concedentes de las ayudas públicas y los regímenes de ayudas o ayudas indivi-

14 Este ha sido el caso, precisamente, de los clubes de fútbol españoles que han participado en competiciones europeas, y percibido ayudas por parte de España. Han sido obligados a devolver las cantidades, con los correspondientes intereses.

duales sobre los que se plantea el pronunciamiento de la Comisión Nacional de la Competencia, así como toda aquella documentación que pudiera ser relevante para analizar los efectos de estas ayudas sobre el mantenimiento de la competencia efectiva en los mercados.

3. De acuerdo con lo dispuesto en el artículo 11.1 de la Ley 15/2007, de 3 de julio, el análisis de los criterios de concesión de las ayudas públicas en relación con sus posibles efectos sobre el mantenimiento de la competencia efectiva en los mercados versará sobre los aspectos tanto jurídicos como económicos del instrumento utilizado, sin perjuicio de lo establecido en los artículos 87 a 89 del Tratado de la Comunidad Europea y su normativa de desarrollo, y de las competencias de la Comisión Europea y de los órganos jurisdiccionales comunitarios y nacionales en materia de control de ayudas públicas. Entre otros se podrán analizar los siguientes aspectos:

a) El plan estratégico, en su caso, en que el proyecto de régimen de ayudas se integra, en cuanto instrumento de planificación de políticas públicas que fija objetivos e identifica los fallos de mercado;

b) las bases reguladoras si se trata de una línea de ayuda o su fundamento jurídico si se trata de una ayuda individual;

c) la prueba de sopesamiento de la ayuda, que analizará los aspectos positivos y negativos de su concesión, entre ellos la adecuación del instrumento utilizado, su efecto incentivador o la necesidad y proporcionalidad de la misma.

4. El informe anual sobre las ayudas públicas de la Comisión Nacional de la Competencia incluirá entre sus Anexos los informes que, en su caso, hayan elaborado los órganos de Defensa de la Competencia de las Comunidades Autónomas sobre las ayudas públicas concedidas por las Administraciones autonómicas o locales en su respectivo ámbito territorial».

Redacción del artículo 8 del Reglamento de Defensa de la Competencia: «1. De acuerdo con el artículo 11.3 de la Ley 15/2007, de 3 de julio, el órgano responsable de la notificación de las ayudas a la Comisión Europea deberá incluir en la información remitida a la Comisión Nacional de la Competencia todos aquellos datos que permitan realizar un seguimiento efectivo de las mismas, incluidas las eventuales decisiones u observaciones emanadas de la Comisión Europea.

2. La Comisión Nacional de la Competencia establecerá un sistema de acceso a los órganos de Defensa de la Competencia de las comunidades autónomas respecto de la información obtenida de acuerdo con lo dispuesto en el artículo 11.3 de la Ley 15/2007, de 3 de julio, garantizando la confidencialidad de la información en cada caso.

3. De acuerdo con los principios de publicidad y transparencia recogidos en el artículo 27 de la Ley 15/2007, de 3 de julio, la Comisión Nacional de la Competencia creará un Centro informativo telemático de las ayudas públicas nacionales que hayan sido publicadas en diarios oficiales».

TEMA 4

COMPETENCIA DESLEAL

Sumario: 1. La protección de la competencia. 1.1. La primera cláusula general. 1.2. La segunda cláusula general. 1.3. Diligencia profesional y prácticas honestas del mercado. 2. Los actos de competencia desleal. Catálogo de supuestos concretos. 2.1. Actos contrarios a los intereses de los competidores. 2.2. Actos contrarios a los intereses de los consumidores. 2.2.1. Los actos de confusión. 2.2.2. Los actos de engaño. 2.2.3. Los actos de comparación pública. 2.2.4. Otros actos contrarios a los intereses de los consumidores. 3. Actos contrarios al mercado. 4. Acciones legales.

1. La protección de la competencia

Resulta lógico que las distintas empresas busquen su beneficio, lograr los mejores resultados posibles y aumentar la cuota de mercado. Precisamente, existen múltiples mecanismos para ello, desde una buena gestión, hasta una publicidad que pone el mayor énfasis en algunas de las características de la compañía. Un empresario siempre querrá mejorar, tanto sus productos, como el alcance de los mismos, conquistando nuevos mercados y más público. El crecimiento de una empresa, si no es idéntico al del mercado, implicará que algún competidor —o varios— vean disminuidas sus ventas. No obstante, si esto se realiza de acuerdo a prácticas legales, no existirá problema alguno.

Ahora bien, en muchas ocasiones, a lo largo de la historia, ha podido comprobarse que las empresas no siempre actuaban con la deseada lealtad en la lucha por el mercado, aunque desde los inicios del Derecho mercantil se venía exigiendo un comportamiento adecuado.

Rápidamente se entendió que la posibilidad de la que dispone todo empresario, consistente en el crecimiento de su negocio y ampliar el número de sus clientes, debía ser ejercitada bajo ciertos principios, como el juego limpio y la honestidad y, si actuando así, se conseguía convencer a clientes de la competencia, no existiría problema alguno.

El problema estriba en que la captación de nuevos clientes, o la expansión del negocio a nuevos mercados, se produzca mediante comportamientos o actuaciones que no se encuentren permitidas por el ordenamiento jurídico vigente. Puede actuarse de manera perfectamente lícita y que ello suponga la imposibilidad de la competencia de continuar con su actividad. No obstante, también pueden incurrirse en conductas desleales, que implicarán un perjuicio no sólo a la competencia, sino también, en último término, a los consumidores.

Para evitar comportamientos de este último tipo se ha desarrollado la regulación de la competencia ilícita, en la que confluyen varios intereses entrecruzados. Por un lado, se busca la defensa de intereses públicos, consistente en el mantenimiento de cierto orden concurrencial. Por otro lado, resulta fundamental la protección de los intereses colectivos de los consumidores. Finalmente, también se busca asegurar el interés particular los competidores.

A todos ellos se refiere la Ley de Competencia Desleal cuando indica que tiene por objeto la protección de la competencia en interés de todos los agentes que participan en el mercado.

Como señala, nuevamente, la propia norma, en su Exposición de Motivos, la competencia desleal ha dejado en la actualidad de concebirse como un ordenamiento dirigido de manera primordial a la resolución de conflictos entre competidos, para actuar como un instrumento de ordenación y control de las conductas que se producen en el mercado.

El principal objetivo de la Ley de Competencia Desleal, tal y como indica el propio artículo 1, es la protección de la competencia. No obstante, de manera mediata también sirve para tutelar los intereses de consumidores y competidores.

> Redacción del artículo 1 de la Ley de Competencia Desleal: «Esta ley tiene por objeto la protección de la competencia en interés de todos los que participan en el mercado, y a tal fin establece la prohibición de los actos de competencia desleal, incluida la publicidad ilícita en los términos de la Ley General de Publicidad».

Los mecanismos recogidos en la normativa son, en esencia, tres. En primer lugar, una cláusula general que sirve de guía para la calificación de un acto como de competencia desleal o no —y que, aunque sea una cláusula general, realmente tiene una redacción de carácter doble, como veremos a continuación—. En segundo lugar, un catálogo de actos concretos en los que se entiende producida la competencia desleal, y que puede entenderse como bastante amplio. Por último, en tercer lugar, un dispositivo procesal cuya finalidad es la adecuada garantía en la aplicación de esta disciplina y la promoción de la eficacia de la protección que se dispensa en la misma.

1.1. La primera cláusula general

A pesar de la apariencia unitaria que exhibe la Ley de Competencia Desleal, lo cierto es que no incluye únicamente la cláusula general, sino que realmente se está recogiendo una doble cláusula general.

La primera cláusula general viene recogida en el artículo 4.1, en su primer inciso, refiriéndose a las relaciones entre empresas o profesionales. A este respecto, la norma exige que se produzca un acto que reúna tres requisitos, resultando por tanto todos ellos necesarios.

Redacción del artículo 4 de la Ley de Competencia Desleal: «1. Se reputa desleal todo comportamiento que resulte objetivamente contrario a las exigencias de la buena fe.

En las relaciones con consumidores y usuarios se entenderá contrario a las exigencias de la buena fe el comportamiento de un empresario o profesional contrario a la diligencia profesional, entendida ésta como el nivel de competencia y cuidados especiales que cabe esperar de un empresario conforme a las prácticas honestas del mercado, que distorsione o pueda distorsionar de manera significativa el comportamiento económico del consumidor medio o del miembro medio del grupo destinatario de la práctica, si se trata de una práctica comercial dirigida a un grupo concreto de consumidores.

A los efectos de esta ley se entiende por comportamiento económico del consumidor o usuario toda decisión por la que éste opta por actuar o por abstenerse de hacerlo en relación con:

a) La selección de una oferta u oferente.

b) La contratación de un bien o servicio, así como, en su caso, de qué manera y en qué condiciones contratarlo.

c) El pago del precio, total o parcial, o cualquier otra forma de pago.

d) La conservación del bien o servicio.

e) El ejercicio de los derechos contractuales en relación con los bienes y servicios.

Igualmente, a los efectos de esta ley se entiende por distorsionar de manera significativa el comportamiento económico del consumidor medio, utilizar una práctica comercial para mermar de manera apreciable su capacidad de adoptar una decisión con pleno conocimiento de causa, haciendo así que tome una decisión sobre su comportamiento

> económico que de otro modo no hubiera tomado.
> 2. Para la valoración de las conductas cuyos destinatarios sean consumidores, se tendrá en cuenta al consumidor medio.
> 3. Las prácticas comerciales que, dirigidas a los consumidores o usuarios en general, únicamente sean susceptibles de distorsionar de forma significativa, en un sentido que el empresario o profesional pueda prever razonablemente, el comportamiento económico de un grupo claramente identificable de consumidores o usuarios especialmente vulnerables a tales prácticas o al bien o servicio al que se refieran, por presentar una discapacidad, por tener afectada su capacidad de comprensión o por su edad o su credulidad, se evaluarán desde la perspectiva del miembro medio de ese grupo. Ello se entenderá, sin perjuicio de la práctica publicitaria habitual y legítima de efectuar afirmaciones exageradas o respecto de las que no se pretenda una interpretación literal».

En primer lugar, es necesario que el acto en cuestión se realice en el mercado. Deberá realizarse antes o después de una operación comercial o contrato, así como el hecho de que dicho contrato llegue o no a celebrarse y, por tanto, surtir efectos. A este respecto se pronuncia el artículo 2 de la Ley de Competencia Desleal.

> Redacción del artículo 2 de la Ley de Competencia Desleal: «1. Los comportamientos previstos en esta Ley tendrán la consideración de actos de competencia desleal siempre que se realicen en el mercado y con fines concurrenciales.
> 2. Se presume la finalidad concurrencial del acto cuando, por las circunstancias en que se realice, se revele objetivamente idóneo para promover o asegurar la difusión en el mercado de las prestaciones propias o de un tercero.
> 3. La ley será de aplicación a cualesquiera actos de competencia desleal, realizados antes, durante o después de una operación comercial o contrato, independientemente de que éste llegue a celebrarse o no».

En segundo lugar, la norma exige que se realice el acto con fines concurrenciales. Se presumirá la finalidad concurrencial cuando, en función de las circunstancias en las que se realice, se considere objetivamente idóneo para la promoción o asegurarse la difusión en el mercado de prestaciones propias o las de un tercero. En este sentido, encontramos el artículo 2.1 y 2.2 de la Ley de Competencia Desleal.

En tercer y último lugar, debe determinarse si se considerará desleal el acto en cuestión. Para entender que es así, debe resultar objetivamente contrario a las exigencias de la buena fe[15], tal y como indica el artículo 4.1 de la Ley de Competencia Desleal. Se aplicará la acepción más común de la buena fe, es decir, que se produzca un comportamiento adecuado[16] en el mercado.

Como resulta conocido por el lector, la buena fe es un concepto jurídico indeterminado. Carece, por tanto, de definición precisa y concreta. Peor todavía, dado que es un concepto de carácter subjetivo, la consideración de cuándo se actúa o no de buena fe puede ir modificándose conforme transcurre el tiempo. Algo, en definitiva, similar al concepto de buen padre de familia, pues la gente no tiene la misma apreciación de quién era un buen padre de familia a mediados de siglo pasado y los requisitos que debía cumplir para ser considerado como tal, y en la actualidad.

No obstante, en esta materia disponemos de otros elementos que permiten discernir la existencia o no de buena fe. En este sentido, encontramos dos juicios de compatibilidad, que sirven de ponderación de las partes implicadas.

El primer juicio de compatibilidad se encuentra establecido entre el acto enjuicio y el modelo de competencia objeto de protección por la Ley de Competencia Desleal.

---

15 Con toda la carga subjetiva de implica este concepto que, no olvidemos, continúa siendo un concepto jurídico indeterminado.

16 Tampoco el concepto de «comportamiento adecuado» carece de subjetividad. Además, nuevamente, nos encontramos ante un concepto jurídico indeterminado.

Su objetivo principal es la protección del interés general en el correcto funcionamiento del sistema de competencia, tal y como indica el artículo 1 de la Ley de Competencia Desleal.

El segundo juicio de compatibilidad se produce en el contexto constitucional. Nuestra Carta Maga opta por un sistema de economía social del mercado. En este sentido, el modelo de competencia económica cuya protección busca la Ley de Competencia Desleal no se limita a la consideración del principio de la competencia de las prestaciones, sino que va más allá, buscando la promoción de los valores y derechos que se encuentran constitucionalmente reconocidos en nuestro país. Así, en esta categoría entran en escena conceptos como la tipificación o no como acto de competencia desleal de la publicidad —cuando se entiende ilícita, tal y como recoge el artículo 18 de la Ley de Competencia Desleal—, y la inclusión en dicha categoría de otras modalidades publicitarias, como las contrarias a la dignidad de las personas.

> Redacción del artículo 18 de la Ley de Competencia Desleal: «La publicidad considerada ilícita por la Ley General de Publicidad, se reputará desleal».

La principal función que se encuentra asignada a la cláusula general supone actuar como norma de cierre del sistema. Esto implica que permite declarar la deslealtad de ciertas conductas, aunque no se encuentren recogidas de manera expresa en el resto del articulado de la Ley de Competencia Desleal.

Por ello, nos encontramos ante una fuente de permanente actualización del Derecho de la competencia desleal, pues permite su aplicación a nuevas conductas o prácticas que, incluso siendo inexistentes en el mercado en el momento de aprobación de la norma, pueden desarrollarse y aplicarse después, y no precisarse la modificación del texto de la Ley de Competencia Desleal. En definitiva, actúa a modo de lista abierta, permitiendo identificarse como conductas que incurren en competencia desleal y, por tanto, resultar sancionadas.

Sin embargo, no conviene incurrir en errores, pues a pesar de la apertura del listado de la primera cláusula general, y la posibilidad de incluir en su normativa conductas novedosas, en ningún caso podrá emplearle esta primera cláusula para el análisis de la posible deslealtad de conductas que ya cuenten con tipificación expresa. Así, estas conductas se analizarán y enjuiciarán a partir de lo indicado en la normativa específica que las regula, sin resultan de aplicación la primera cláusula general.

1.2. La segunda cláusula general

Junto a la primera cláusula general, la Ley de Competencia Desleal incluye una segunda cláusula, cuya pretensión radica en ser una aplicación de la misma pero, en lugar de actos de competencia relacionados con los propios competidores, en los relacionados con los consumidores.

De hecho, la norma introduce una segunda cláusula general que se encuentra prevista de modo específico para los consumidores, recogida en el segundo inciso del artículo 4.1 de la Ley de Competencia Desleal. En este caso, somete el juicio de deslealtad en el ámbito concreto a presupuestos y requisitos que no se encuentran recogidos en la primera cláusula general.

> Recordamos la redacción del artículo 4 de la Ley de Competencia Desleal: «1. Se reputa desleal todo comportamiento que resulte objetivamente contrario a las exigencias de la buena fe.
>
> En las relaciones con consumidores y usuarios se entenderá contrario a las exigencias de la buena fe el comportamiento de un empresario o profesional contrario a la diligencia profesional, entendida ésta como el nivel de competencia y cuidados especiales que cabe esperar de un empresario conforme a las prácticas honestas del mercado, que distorsione o pueda distorsionar de manera significativa el comportamiento económico del consumidor medio o del miembro medio del grupo destinatario

de la práctica, si se trata de una práctica comercial dirigida a un grupo concreto de consumidores.

A los efectos de esta ley se entiende por comportamiento económico del consumidor o usuario toda decisión por la que éste opta por actuar o por abstenerse de hacerlo en relación con:

a) La selección de una oferta u oferente.

b) La contratación de un bien o servicio, así como, en su caso, de qué manera y en qué condiciones contratarlo.

c) El pago del precio, total o parcial, o cualquier otra forma de pago.

d) La conservación del bien o servicio.

e) El ejercicio de los derechos contractuales en relación con los bienes y servicios.

Igualmente, a los efectos de esta ley se entiende por distorsionar de manera significativa el comportamiento económico del consumidor medio, utilizar una práctica comercial para mermar de manera apreciable su capacidad de adoptar una decisión con pleno conocimiento de causa, haciendo así que tome una decisión sobre su comportamiento económico que de otro modo no hubiera tomado.

2. Para la valoración de las conductas cuyos destinatarios sean consumidores, se tendrá en cuenta al consumidor medio.

3. Las prácticas comerciales que, dirigidas a los consumidores o usuarios en general, únicamente sean susceptibles de distorsionar de forma significativa, en un sentido que el empresario o profesional pueda prever razonablemente, el comportamiento económico de un grupo claramente identificable de consumidores o usuarios especialmente vulnerables a tales prácticas o al bien o servicio al que se refieran, por presentar una discapacidad, por tener afectada su capacidad de comprensión o por su edad o su credulidad, se evaluarán desde la perspectiva del miembro medio de ese grupo. Ello se entenderá, sin perjuicio de la práctica publicitaria habitual y legítima de efectuar afirmaciones exageradas o respecto de las que no se pretenda una interpretación literal».

Pero, la posibilidad de aplicación de esta segunda cláusula general exige de modo previo la determinación de quiénes son los destinatarios de la conducta concreta analizada y, en función de quiénes sean, resultará o no de aplicación. Como puede imaginarse, resulta preciso que los destinatarios sean los consumidores.

No se aplica del mismo modo la cláusula general para los empresarios que la de los consumidores. Esta última requiere, para que pueda utilizarse, que se produzcan dos presupuestos distintos. Así, resulta necesario que el comportamiento del empresario o del profesional sea contrario a la diligencia profesional que resulta exigible para todos ellos, y además deberá ser susceptible de producir de manera significativa una distorsión en el comportamiento económico del consumidor medio[17], o del miembro medio del grupo al cual esté dirigida la práctica.

Si bien carecemos de definición concreta y objetiva para la identificación del consumidor medio, el Tribunal de Justicia de la Unión Europea ha elaborado lo más próximo que encontramos a esto. Así, considera que debe entenderse como consumidor medio como la reacción típica del consumidor informado, razonablemente atento y perspicaz, considerando factores sociales, culturales y lingüísticos[18].

17 Nos encontramos, nuevamente, con otro concepto jurídico indeterminado y con un importante poso subjetivo.

18 No obstante, y como puede observarse, la definición no termina de ser todo lo clara y precisa que resultaría deseable. Así, encontramos varios puntos interpretables en la misma. Por ejemplo, hay que establecer en qué punto entendemos que alguien se encuentra informado pues, incluso aunque reciba múltiple documentación, puede ponerse esta cuestión en tela de juicio, ya que recibir información excesiva puede resultar equiparable -hasta cierto punto- a no recibir ningún tipo de información. También resulta muy complejo, además, establecer cuándo alguien es razonablemente atento y perspicaz, entre otras cuestiones.

1.3. Diligencia profesional y prácticas honestas del mercado

Como hemos visto, el primer presupuesto que resulta necesario para entender que se ha producido un acto desleal con los consumidores implica la existencia de un comportamiento contrario a la necesaria diligencia profesional que resulta exigible en todo caso al empresario o profesional.

La Ley de Competencia Desleal indica que debe entenderse la diligencia profesional como el nivel de competencia y cuidados especiales que cabe esperar de un empresario, conforme a las prácticas honestas del mercado[19].

La diferencia entre este precepto que nos ocupa y la cláusula general para los empresarios resulta clara, pues mientras la segunda a estos profesionales alude a la buena fe como principal concepto de carácter relevante, la primera ofrece mayor relevancia a las prácticas honestas del mercado, situándolas como el elemento más importante.

Resta aludir a la distorsión del comportamiento económico del consumidor. En este sentido, el segundo presupuesto recogido en la normativa para la determinación de si se ha producido un acto desleal o no respecto a los consumidores implica esta influencia en la decisión de los consumidores.

Al respecto, la Ley de Competencia Desleal entiende como comportamiento económico del consumidor, en su artículo 4.1, toda decisión por la que dicha persona opte por actuar o abstenerse en relación con la selección de una oferta u oferente —es decir, adquirir un producto o el de una marca concreta—, la contratación de un bien o servicio, o el interés en ello, el pago del precio —sea total, parcial o cualquier otra forma de realizar el pago—,

19 Si bien ya lo habrá apreciado el lector, nos encontramos, una vez más, ante un concepto jurídico cuya definición no termina de ser todo lo clara y precisa que resultaría deseable. De hecho, mantiene un carácter subjetivo que dificulta en ocasiones la apreciación de si se ha llegado a actuar o no con la debida diligencia profesional.

la conservación del bien o servicio, y el ejercicio de los derechos contractuales en relación con los bienes o servicios contratados.

2. Los actos de competencia desleal. Catálogo de supuestos concretos

La Ley de Competencia Desleal tipifica un repertorio, considerado como amplio, de actos ilícitos. El propio Preámbulo de la norma se refiere a ellos, indicando que el desarrollo y amplitud de la cláusula general no ha sido óbice el establecimiento de un listado en este sentido.

Además, no debe entenderse el listado recogido en la normativa como *numerus clausus*, pues existe, como se ha indicado anteriormente, la cláusula general. De este modo, los comportamientos recogidos en el listado serán regulados por lo estipulado en su regulación concreta. Por su parte, aquellos comportamientos que no encajen con el listado de supuestos concretos encontrarán en la primera cláusula general la vía para estar insertos en la normativa —si cumplen los parámetros precisos—.

La regulación española se realiza siguiendo la redacción de la Directiva 2005/29/CE del Parlamento Europeo y del Consejo, de 11 de mayo de 2005, relativa a las prácticas comerciales desleales de las empresas en sus relaciones con los consumidores en el mercado interior.

De este modo, la Ley de Competencia Desleal introduce una fragmentación que puede entenderse como artificial en el Derecho de la competencia desleal, pues en su texto distingue entre las prácticas comerciales desleales producidas entre competidores, y las producidas por las empresas en sus relaciones con los consumidores.

En esta obra se ha optado por seguir el orden doctrinalmente aceptado de supuestos recogidos en la norma, lo que implica la distinción inicial entre los actos contrarios a los intereses de los competidores, los actos contrarios a los intereses de los consumidores y, en última instancia, los actos contrarios al buen funcionamiento del mercado.

2.1. Actos contrarios a los intereses de los competidores

Comenzamos este sucinto repaso a los actos contrarios a los intereses de los competidores recogidos en la Ley de Competencia Desleal por los denominados actos de denigración, regulados en el artículo 9 de la norma. Se entienden como tales la realización o difusión de manifestaciones en relación con la actividad, prestaciones, establecimiento o relaciones mercantiles de un tercero, que sean aptas para menoscabar su crédito en el mercado. La excepción es que sean exactas, verdaderas y pertinentes. No obstante, en ningún caso se entenderá que resulten pertinentes aquellas manifestaciones que tengan por objeto la alusión a la nacionalidad, creencias o ideología, vida privada o cualquier otra circunstancia que sea estrictamente personal del competidor.

> Redacción del artículo 9 de la Ley de Competencia Desleal: «Se considera desleal la realización o difusión de manifestaciones sobre la actividad, las prestaciones, el establecimiento o las relaciones mercantiles de un tercero que sean aptas para menoscabar su crédito en el mercado, a no ser que sean exactas, verdaderas y pertinentes.
>
> En particular, no se estiman pertinentes las manifestaciones que tengan por objeto la nacionalidad, las creencias o ideología, la vida privada o cualesquiera otras circunstancias estrictamente personales del afectado».

El artículo 11 del mismo cuerpo normativo se refiere a los actos de imitación. En este sentido, se parte del principio de que la imitación de las prestaciones e iniciativas empresarias o profesionales ajenas resulta libre, excepción hecha de encontrarse amparadas por un derecho de exclusiva amparado por la ley[20]. En el caso que nos ocupa, sólo se entenderá desleal cuando esta imitación

20 A este respecto, por ejemplo, podrían mencionarse las patentes, que otorgan un derecho de uso exclusivo de una invención, durante un

resulte idónea para generar la asociación, por parte de los consumidores, respecto a la prestación, o si comporta un aprovechamiento indebido de la reputación o el esfuerzo ajeno, siempre que los riesgos de asociación o de aprovechamiento de la reputación ajena sean evitables. Por su parte, el artículo 10 alude a los actos de comparación.

> Redacción del artículo 10 de la Ley de Competencia Desleal: «La comparación pública, incluida la publicidad comparativa, mediante una alusión explícita o implícita a un competidor estará permitida si cumple los siguientes requisitos:
>
> a) Los bienes o servicios comparados habrán de tener la misma finalidad o satisfacer las mismas necesidades.
>
> b) La comparación se realizará de modo objetivo entre una o más características esenciales, pertinentes, verificables y representativas de los bienes o servicios, entre las cuales podrá incluirse el precio.
>
> c) En el supuesto de productos amparados por una denominación de origen o indicación geográfica, denominación específica o especialidad tradicional garantizada, la comparación sólo podrá efectuarse con otros productos de la misma denominación.
>
> d) No podrán presentarse bienes o servicios como imitaciones o réplicas de otros a los que se aplique una marca o nombre comercial protegido.
>
> e) La comparación no podrá contravenir lo establecido por los artículos 5, 7, 9, 12 y 20 en materia de actos de engaño, denigración y explotación de la reputación ajena».
>
> Redacción del artículo 11 de la Ley de Competencia Desleal: «1. La imitación de prestaciones e iniciativas empresariales o profesionales ajenas es libre, salvo que estén amparadas por un derecho de exclusiva reconocido por la ley.

tiempo determinado. Para mayor información sobre las patentes, puede consultarse el tema 15 de esta obra.

> 2. No obstante, la imitación de prestaciones de un tercero se reputará desleal cuando resulte idónea para generar la asociación por parte de los consumidores respecto a la prestación o comporte un aprovechamiento indebido de la reputación o el esfuerzo ajeno.
>
> La inevitabilidad de los indicados riesgos de asociación o de aprovechamiento de la reputación ajena excluye la deslealtad de la práctica.
>
> 3. Asimismo, tendrá la consideración de desleal la imitación sistemática de las prestaciones e iniciativas empresariales o profesionales de un competidor cuando dicha estrategia se halle directamente encaminada a impedir u obstaculizar su afirmación en el mercado y exceda de lo que, según las circunstancias, pueda reputarse una respuesta natural del mercado».

Por su parte, el artículo 12 de la Ley de Competencia Desleal recoge el supuesto del aprovechamiento indebido de la reputación ajena. Se entiende que resulta desleal el beneficio, ya sea propio o ajeno, de las ventajas de la reputación comercial, industrial o profesional adquirida por otra compañía en el mercado. En este aspecto, y de manera particular, se entiende como desleal la utilización de signos distintivos ajenos o de denominaciones que resulten falsas, acompañadas de la indicación acerca de la verdadera procedencia del producto, o de expresiones como «modelo», «sistema», «tipo», o similares.

> Redacción del artículo 12 de la Ley de Competencia Desleal: «Se considera desleal el aprovechamiento indebido, en beneficio propio o ajeno, de las ventajas de la reputación industrial, comercial o profesional adquirida por otro en el mercado.
>
> En particular, se reputa desleal el empleo de signos distintivos ajenos o de denominaciones de origen falsas acompañados de la indicación acerca de la verdadera procedencia del producto o de expresiones tales como «modelos», «sistema», «tipo», «clase» y similares».

A este respecto, por tanto, puede resultar cuestionable que los vendedores del famoso *top manta* creen realmente problemas a las grandes compañías pues, si retornamos al concepto del consumidor medio visto con anterioridad —con todas las carencias que ostenta su definición—, a muy pocos compradores se les escapará la idea de que realmente están ofreciéndose falsificaciones en esos mercadillos, cuestión fácilmente detectable tanto por la calidad de los productos, como por los precios de venta de los mismos[21].

El siguiente acto contrario a los intereses de los competidores lo encontramos regulado en el artículo 13 de la Ley de Competencia Desleal, refiriéndose a la violación de secretos. En este supuesto, se entiende como desleal la divulgación o explotación, sin autorización, por parte de su titular de secretos industriales o empresariales, a los que tuviera acceso de manera ilegítima o que, incluso teniendo acceso de manera legítima, tenga deber de reserva. Se considera que constituyen medio de acceso ilegítimo el espionaje o cualquier otro procedimiento de análogo carácter, así como los casos en los que medie inducción a la infracción contractual. Además, no resulta necesario que el comportamiento en cuestión tenga lugar en el mercado y con fines concurrenciales —no se aplicaría el artículo 2 de la Ley de Competencia Desleal—. Para la producción de este supuesto, se entiende que debe haberse realizado la violación con ánimo de obtención de provecho —del tipo que sea, económico u otro—, propio o de tercero, o intención de perjuicio al titular del derecho.

> Redacción del artículo 13 de la Ley de Competencia Desleal: «Se considera desleal la violación de secretos empresariales, que se regirá por lo dispuesto en la legislación de secretos empresariales».

21 Cuestión distinta será el engaño a futuros consumidores que, si observan a un comprador que ha adquirido estos productos falsificados en el *top manta* -información de la que carece quien no ha comprado el producto-, podrán pensar que una marca que se consideraba exclusiva ya se encuentra al alcance de todo el mundo -pudiendo significar que bajan sus ganas de adquirir un producto de esta empresa-, o que la calidad esperaba de los productos de esa compañía es inferior a la real.

Resulta relativamente habitual que, especialmente en las compañías dedicadas a la alta tecnología, se busque la contratación de alguno de los responsables de empresas rivales. En estos casos, no se busca únicamente la valía del profesional, sino también el acceso a la información que este tiene. Por eso, en muchas ocasiones, cuando se contrata a un trabajador de estas características, se estipula un período de tiempo en el cual dicho trabajador no puede comenzar a realizar su labor profesional en la nueva empresa.

Como último supuesto de actos contrarios a los intereses de los competidores, el artículo 14 del mismo cuerpo legal recoge la inducción a la infracción contractual. Se entiende, bajo esta catalogación, que resulta desleal la inducción, ya sea a trabajadores, proveedores, clientes o cualesquiera otros obligados por relación contractual, a infringir los deberes básicos recogidos en el contrato entre las partes que han contraído con los competidores. No obstante, no resulta punible la inducción a la finalización regular de un contrato, en los plazos previstos por las partes, o el aprovechamiento en beneficio propio o de un tercero.

> Redacción del artículo 14 de la Ley de Competencia Desleal: «1. Se considera desleal la inducción a trabajadores, proveedores, clientes y demás obligados, a infringir los deberes contractuales básicos que han contraído con los competidores.
> 2. La inducción a la terminación regular de un contrato o el aprovechamiento en beneficio propio o de un tercero de una infracción contractual ajena sólo se reputará desleal cuando, siendo conocida, tenga por objeto la difusión o explotación de un secreto industrial o empresarial o vaya acompañada de circunstancias tales como el engaño, la intención de eliminar a un competidor del mercado u otras análogas».

Por lo tanto, se castiga el convencer a alguien para no cumplir sus obligaciones contractuales con los competidores. En cambio, si se le convence para no renovar el contrato en cuestión, con una mejor oferta por ejemplo, no existirá problema alguno, entendiéndose esta actuación como algo normal dentro del devenir del mercado y la competencia.

2.2. Actos contrarios a los intereses de los consumidores

Dentro de esta parte se incluyen un conjunto de normas, bastante prolijas, cuya finalidad es garantizar la libertad de decisión del consumidor en el tráfico mercantil. No obstante, la Ley de Competencia Desleal no parece tener la necesaria y deseable coherencia y sistemática en este apartado.

Indicamos esto porque, para algunos actos, incluye una doble regulación de prácticas en las que participa el consumidor. Así, encontramos los actos de engaño, las omisiones engañosas y las prácticas agresivas, que tienen regulación específica en los artículos 5, 7 y 8 de la Ley de Competencia Desleal, respectivamente, pero también quedan encuadradas en el artículo 19 del mismo cuerpo legal. Para completar la argumentación, se encuentran igualmente reguladas en los artículos 21 a 31 de la misma norma.

La inclusión de este catálogo en la ley obedece a una doble funcionalidad. En primer lugar, su contenido ofrece los parámetros necesarios para la interpretación e integración de los distintos presupuestos que resultan precisos para entender que una práctica es o no engañosa. En segundo lugar, supone un reproche directo de deslealtad en relación con las prácticas recogidas en su listado.

2.2.1. Los actos de confusión

Lo primero que debe destacarse, respecto a los actos de confusión, es que la Ley de Competencia Desleal no nos ofrece una definición de qué debemos entender como tal. Por lo tanto, resulta necesario emplear la utilizada por el Derecho de marcas, que indica por riesgo de confusión que el consumidor concluya que dos productos o servicios proceden de un mismo empresario —cuando no es así, encontrándonos frente a un riesgo de confusión de carácter estricto— o, cuanto menos, de empresas que tengan una vinculación jurídica o económica —el denominado riesgo de asociación—.

La Ley de Competencia Desleal indica como desleal todo aquel comportamiento que resulte idóneo para crear confusión con las prestaciones del producto, el establecimiento ajeno o la actividad desarrollada. Para la fundamentación de la deslealtad en la práctica es suficiente con la producción del riesgo de asociación por los consumidores.

Como hemos visto con anterioridad, los actos de confusión también protegen al empresario, pues todas las compañías ostentan el derecho a asegurarse que pueda identificarse correctamente el origen empresarial de cualquier producto. No obstante, la protección última que confieren los actos de confusión tiene como destinatarios finales a los consumidores, para evitar que no se influya en su derecho de elección con la práctica de actuaciones que le induzcan a error, tal y como señala el artículo 19.1 de la Ley de Competencia Desleal.

> Redacción del artículo 19 de la Ley de Competencia Desleal: «1. Sin perjuicio de lo establecido en los artículos 19 y 20 del texto refundido de la Ley General para la Defensa de los Consumidores y Usuarios y otras leyes complementarias, únicamente tendrán la consideración de prácticas comerciales desleales con los consumidores y usuarios, las previstas en este capítulo y en los artículos 4, 5, 7 y 8 de esta ley.
>
> 2. Las prácticas comerciales reguladas en los artículos 21 a 31, ambos inclusive, son en todo caso y en cualquier circunstancia, prácticas comerciales desleales con los consumidores».

Si nos encontrásemos ante supuestos de actos de confusión que tengan su ámbito de actuación en las relaciones producidas entre empresarios o profesionales, el artículo que resultaría de aplicación sería el 6 de la Ley de Competencia Desleal. Sin embargo, cuando interviene en la operación un consumidor, que será quien puede entrar en este riesgo de confusión, el artículo a utilizar es el 20 del mismo cuerpo normativo.

> Redacción del artículo 6 de la Ley de Competencia Desleal: «Se considera desleal todo comportamiento que resulte idóneo para crear confusión con la actividad, las prestaciones o el establecimiento ajenos.
>
> El riesgo de asociación por parte de los consumidores respecto de la procedencia de la prestación es suficiente para fundamentar la deslealtad de una práctica».
>
> Redacción del artículo 20 de la Ley de Competencia Desleal: «En las relaciones con consumidores y usuarios, se reputan desleales aquéllas prácticas comerciales, incluida la publicidad comparativa, que, en su contexto fáctico y teniendo en cuenta todas sus características y circunstancias, creen confusión, incluido el riesgo de asociación, con cualesquiera bienes o servicios, marcas registradas, nombres comerciales u otras marcas distintivas de un competidor, siempre que sean susceptibles de afectar al comportamiento económico de los consumidores y usuarios».

Además, el artículo 25 de la Ley de Competencia Desleal señala que se entienden como desleales, por ser engañosas, las prácticas por confusión que consistan en la promoción de algún bien o servicio que resulte similar al que está siendo comercializado por otra compañía, con la finalidad de producir a sabiendas que el consumidor considere que el bien o servicio en cuestión proceda de la empresa que ya tiene en el mercado el producto.

> Redacción del artículo 25 de la Ley de Competencia Desleal: «Se reputa desleal por engañoso

promocionar un bien o servicio similar al comercializado por un determinado empresario o profesional para inducir de manera deliberada al consumidor o usuario a creer que el bien o servicio procede de este empresario o profesional, no siendo cierto».

2.2.2. Los actos de engaño

Recogidos en el artículo 5.1 de la Ley de Competencia Desleal, se entienden como desleales los actos de engaño, consistentes en cualquier conducta que implique la utilización de información falsa o algún tipo de información que, incluso siendo verídica, ya sea por su contenido o presentación, induzca o tenga la capacidad de inducir a error a los destinatarios de la misma. Se exige, además, que esta conducta suponga la posibilidad de modificar el comportamiento económico de los consumidores, siempre y cuando incida en alguno de los puntos recogidos en el listado del artículo, que son los siguientes:

- La existencia o la naturaleza del bien o del servicio ofrecido.
- Las principales características del bien o del servicio —como pueden ser sus riesgos o disponibilidad, entre otros—.
- El tratamiento de las reclamaciones y el servicio de atención al cliente posterior a la venta.
- El alcance de los distintos compromisos del empresario o del profesional.
- El precio o el modo en el que se ha fijado22.
- La necesidad de un servicio de una pieza concreta, su sustitución o reparación.

---

22 Esta cuestión resultó controvertida en algunos casos. Por ejemplo, ha sido problemática en la fijación de los tipos de interés de algunos contratos bancarios, como las tarjetas de crédito *revolving*.

- Las características, la naturaleza y los derechos del empresario o profesional, y de su agente.
- Los derechos legales o convencionales de los que dispone el consumidor, o los riesgos que pueda correr23.

Además, el artículo 5.2 de la Ley de Competencia Desleal indica que cuando el empresario o el profesional indiquen en una práctica comercial cualquiera que se encuentra vinculado a un código de conducta, no resulta posible que incumpla ninguno de los compromisos asumidos en dicho código de conducta. De hacerlo, se entenderá su actuación como desleal, siempre y cuando el compromiso resulte firme y pueda ser verificado.

> Redacción del artículo 5 de la Ley de Competencia Desleal: «1. Se considera desleal por engañosa cualquier conducta que contenga información falsa o información que, aun siendo veraz, por su contenido o presentación induzca o pueda inducir a error a los destinatarios, siendo susceptible de alterar su comportamiento económico, siempre que incida sobre alguno de los siguientes aspectos:
>
> a) La existencia o la naturaleza del bien o servicio.
>
> b) Las características principales del bien o servicio, tales como su disponibilidad, sus beneficios, sus riesgos, su ejecución, su composición, sus accesorios, el procedimiento y la fecha de su fabricación o suministro, su entrega, su carácter apropiado, su utilización, su cantidad, sus especi-

23 La exposición al riesgo por parte del consumidor, si está correctamente informado, no supone problema alguno. La problemática aparece cuando no se ha informado con la diligencia debida a los consumidores. Para que el lector pueda asociarlo a algún caso reciente, esto ocurrió con los beneficios que aseguraba, en su momento, el Fórum filatélico, que finalmente no fueron los prometidos a los inversores pues, estos, no sólo no lograron ver incrementado su capital invertido en los porcentajes asegurados inicialmente por los profesionales, sino que terminaron perdiendo sus ahorros invertidos.

ficaciones, su origen geográfico o comercial o los resultados que pueden esperarse de su utilización, o los resultados y características esenciales de las pruebas o controles efectuados al bien o servicio.

c) La asistencia posventa al cliente y el tratamiento de las reclamaciones.

d) El alcance de los compromisos del empresario o profesional, los motivos de la conducta comercial y la naturaleza de la operación comercial o el contrato, así como cualquier afirmación o símbolo que indique que el empresario o profesional o el bien o servicio son objeto de un patrocinio o una aprobación directa o indirecta.

e) El precio o su modo de fijación, o la existencia de una ventaja específica con respecto al precio.

f) La necesidad de un servicio o de una pieza, sustitución o reparación.

g) La naturaleza, las características y los derechos del empresario o profesional o su agente, tales como su identidad y su solvencia, sus cualificaciones, su situación, su aprobación, su afiliación o sus conexiones y sus derechos de propiedad industrial, comercial o intelectual, o los premios y distinciones que haya recibido.

h) Los derechos legales o convencionales del consumidor o los riesgos que éste pueda correr.

2. Cuando el empresario o profesional indique en una práctica comercial que está vinculado a un código de conducta, el incumplimiento de los compromisos asumidos en dicho código, se considera desleal, siempre que el compromiso sea firme y pueda ser verificado, y, en su contexto fáctico, esta conducta sea susceptible de distorsionar de manera significativa el comportamiento económico de sus destinatarios.

3. También se considera desleal cualquier operación de comercialización de un bien como idéntico a otro comercializado en otros Estados miembros, cuando dicho bien presente una composición o unas características significativamente diferentes, a menos que esté justificado por factores legítimos y objetivos».

El problema existente en la práctica es que muchas compañías se ven *obligadas* a adherirse a los códigos de conducta, básicamente porque lo hacen todos los competidores y temen dar la impresión de ofrecer menos garantías que los rivales, no porque la adhesión a estos códigos resulte obligatoria. Este fenómeno se ha venido produciendo en los últimos años en sectores que no tenían buena fama respecto al trato a sus clientes como, por ejemplo, las entidades financieras.

Se entenderá, igualmente, como desleal, la omisión engañosa de información. En el mismo sentido, nos encontramos con que se cumple este precepto —recogido en el artículo 7 de la Ley de Competencia Desleal— si la información ofrecida es poco clara, inteligible, ambigua u ofrece otros problemas de comprensión y/o identificación. A este respecto, puede destacarse el problema derivado, hace unos años, de la letra pequeña de los contratos, que en muchas ocasiones se ofrecía a los consumidores en un tamaño muy reducido y en color amarillo, difícil de leer y distinguir del fondo blanco del papel. En la actualidad, se exige un tamaño mínimo de letra —aunque no se ha terminado con el vocablo «letra pequeña»—, y que se distinga, por su color, perfectamente del color de fondo del papel.

> Redacción del artículo 7 de la Ley de Competencia Desleal: «1. Se considera desleal la omisión u ocultación de la información necesaria para que el destinatario adopte o pueda adoptar una decisión relativa a su comportamiento económico con el debido conocimiento de causa. Es también desleal si la información que se ofrece es poco clara, ininteligible, ambigua, no se ofrece en el momento adecuado, o no se da a conocer el propósito comercial de esa práctica, cuando no resulte evidente por el contexto.
>
> 2. Para la determinación del carácter engañoso de los actos a que se refiere el apartado anterior, se atenderá al contexto fáctico en que se producen, teniendo en cuenta todas sus características y circunstancias y las limitaciones del medio de comunicación utilizado.

Cuando el medio de comunicación utilizado imponga limitaciones de espacio o de tiempo, para valorar la existencia de una omisión de información se tendrán en cuenta estas limitaciones y todas las medidas adoptadas por el empresario o profesional para transmitir la información necesaria por otros medios».

Finalmente, debe señalarse que, para determinar si existe o no carácter engañoso, se atenderá al contexto en el cual se producen los actos, considerando todas las características y circunstancias en las que han ocurrido.

2.2.3. Los actos de comparación pública

Los actos de comparación pública engloban también la publicidad comparativa, y se refieren a una alusión explícita o implícita a un competidor. Se encuentran permitidos, no obstante, si los bienes o servicios tienen la misma finalidad o buscan la satisfacción de las mismas necesidades —con el componente subjetivo que implica si, por ejemplo, escribir con lapicero o bolígrafo solventa exactamente la misma necesidad o no—, realizando la comparación de manera objetiva y englobando una o más características esenciales del producto, que sean verificables y representativas de estos bienes o servicios y entre las cuales, lógicamente, puede incluirse también el precio.

Existen productos más específicos, como los pertenecientes a denominaciones de origen o indicaciones geográficas —entre otras cuestiones—. Respecto a ellos, únicamente resulta posible la comparación con productos de la misma denominación, indicación o resto de consideraciones.

Se entiende que la publicidad comparativa afecta a los intereses económicos de los consumidores cuando resulta apta para generar confusión entre los productos, pero también cuando establece comparativas entre productos que no cubran la misma necesidad o no atiendan de manera objetiva el análisis de las características de dichos productos.

Además, esta comparación no podrá, en ningún caso, contravenir lo regulado en la Ley de Competencia Desleal respecto a los actos de denigración o explotación de reputación ajena, entre otras, incluyendo las prácticas engañosas por confusión para los consumidores recogidas en el artículo 20 del mismo cuerpo legal.

2.2.4. Otros actos contrarios a los intereses de los consumidores

Al margen de los actos contrarios a los intereses de los consumidores recogidos en los epígrafes anteriores, encontramos otros, que se desarrollan de manera más sucinta, pero conviene también conocer.

Se entienden como desleales las prácticas agresivas, que implican cualquier tipo de comportamiento que, en función de sus características y circunstancias, se entienda susceptible de mermar de una manera significativa, mediante acoso, coacción o incluso el uso de la fuerza o influencia indebida, la libertad de elección o conducta de los consumidores.

Igualmente, se considera influencia indebida el empleo de una posición de poder en relación con el destinatario de la práctica y aprovecharla para ejercer presión sobre él, incluso aunque no exista ningún tipo de fuerza o amenaza física.

Para la determinación de producción del acoso, la coacción o la influencia indebida, deberán tenerse en cuenta las circunstancias recogidas en el artículo 8 de la Ley de Competencia Desleal, que señala las siguientes:

- El momento y el lugar en que se produce, su naturaleza o su persistencia.
- El empleo de un lenguaje o un comportamiento que resulte amenazador o insultante.
- La explotación, por parte del empresario, de cualquier infortunio o circunstancia específica que pueda

entenderse lo suficientemente grave como para mermar la capacidad de raciocinio del destinatario.

- Cualquier obstáculo de carácter extracontractual oneroso que resulte desproporcionado y que sea impuesto por el empresario o profesional, cuando la contraparte desee ejercitar algún tipo de derecho legal o contractual.
- Cualquier tipo de comunicación en el sentido de la realización de alguna acción que, legalmente, no pueda llevarse a cabo.

Redacción del artículo 8 de la Ley de Competencia Desleal: «1. Se considera desleal todo comportamiento que teniendo en cuenta sus características y circunstancias, sea susceptible de mermar de manera significativa, mediante acoso, coacción, incluido el uso de la fuerza, o influencia indebida, la libertad de elección o conducta del destinatario en relación al bien o servicio y, por consiguiente, afecte o pueda afectar a su comportamiento económico.

A estos efectos, se considera influencia indebida la utilización de una posición de poder en relación con el destinatario de la práctica para ejercer presión, incluso sin usar fuerza física ni amenazar con su uso.

2. Para determinar si una conducta hace uso del acoso, la coacción o la influencia indebida se tendrán en cuenta:

a) El momento y el lugar en que se produce, su naturaleza o su persistencia.

b) El empleo de un lenguaje o un comportamiento amenazador o insultante.

c) La explotación por parte del empresario o profesional de cualquier infortunio o circunstancia específicos lo suficientemente graves como para mermar la capacidad de discernimiento del destinatario, de los que aquél tenga conocimiento, para influir en su decisión con respecto al bien o servicio.

d) Cualesquiera obstáculos no contractuales onerosos o desproporcionados impuestos por el empresario o profesional cuando la otra parte desee ejercitar derechos legales o contractuales, incluida cualquier forma de poner fin al contrato o de cambiar de bien o servicio o de suministrador.

e) La comunicación de que se va a realizar cualquier acción que, legalmente, no pueda ejercerse».

3. Actos contrarios al mercado

Como últimos actos que pueden reputarse desleales, encontramos los que están clasificados como contrarios al mercado, recogidos en los artículos 15 a 17 de la Ley de Competencia Desleal.

En primer lugar, el artículo 15 de este cuerpo legal indica cuándo nos encontramos ante un acto de violación de normas. Así, considera desleal prevalerse en el mercado de cualquier ventaja adquirida mediante la infracción de las normas. Esta ventaja, además, deberá resultar significativa. Además, tendrá la consideración de desleal la simple infracción de las normas jurídicas que tengan por objeto la regulación de alguna actividad de carácter concurrencial.

Igualmente, se considera desleal la contratación de trabajadores extranjeros que no dispongan de la necesaria autorización para trabajar en nuestro país, en la convicción de que sus condiciones de seguridad y salarios resultarán inferiores a las estipuladas por la normativa.

Redacción del artículo 15 de la Ley de Competencia Desleal: «1. Se considera desleal prevalerse en el mercado de una ventaja competitiva adquirida mediante la infracción de las leyes. La ventaja ha de ser significativa.

2. Tendrá también la consideración de desleal la simple infracción de normas jurídicas que tengan por objeto la regulación de la actividad concurrencial.

> 3. Igualmente, en el marco de lo dispuesto en el artículo 2, se considera desleal la contratación de extranjeros sin autorización para trabajar obtenida de conformidad con lo previsto en la legislación sobre extranjería.
>
> 4. Igualmente, en el marco de lo dispuesto en el artículo 2, se considera desleal el incumplimiento reiterado de las normas de lucha contra la morosidad en las operaciones comerciales».

En segundo lugar, encontramos a discriminación y la dependencia económica, reguladas en el artículo 16 de la Ley de Competencia Desleal. Se entiende que resulta ilícito el tratamiento de carácter discriminatorio al consumidor en materia de precios o de cualquier otra condición de la venta, salvo que exista alguna causa justificada.

En el mismo sentido, se considera ilícita la explotación, por parte de una empresa, de la situación de dependencia económica en la que pueden encontrarse otras empresas, o sus clientes o proveedores, si no disponen de alternativa equivalente para la continuidad en el ejercicio de su actividad[24].

Además, se entenderá desleal la ruptura, aunque sea sólo parcial, de una relación comercial establecida, sin ningún tipo de preaviso escrito y con una antelación mínima establecida en un marco temporal de, al menos, seis meses.

> Redacción del artículo 16 de la Ley de Competencia Desleal: «1. El tratamiento discriminatorio del consumidor en materia de precios y demás condiciones de venta se reputará desleal, a no ser que medie causa justificada.

24 El problema radica en dónde establecer el límite respecto a qué puede solicitarse o no. Por ejemplo, como es bien sabido, en España disponemos de varias fábricas que se dedican a la producción de automóviles. Algunas de ellas se encuentran en zonas geográficas que implican la total dependencia de ellas de sus proveedores o suministradores. No obstante, resulta habitual que, cada cierto tiempo, en la continua búsqueda de reducción de costes, el fabricante solicite a sus proveedores la reducción del importe de las piezas que les suministran.

> 2. Se reputa desleal la explotación por parte de una empresa de la situación de dependencia económica en que puedan encontrarse sus empresas clientes o proveedores que no dispongan de alternativa equivalente para el ejercicio de su actividad. Esta situación se presumirá cuando un proveedor, además de los descuentos o condiciones habituales, deba conceder a su cliente de forma regular otras ventajas adicionales que no se conceden a compradores similares.
>
> 3. Tendrá asimismo la consideración de desleal:
>
> a) La ruptura, aunque sea de forma parcial, de una relación comercial establecida sin que haya existido preaviso escrito y preciso con una antelación mínima de seis meses, salvo que se deba a incumplimientos graves de las condiciones pactadas o en caso de fuerza mayor.
>
> b) La obtención, bajo la amenaza de ruptura de las relaciones comerciales, de precios, condiciones de pago, modalidades de venta, pago de cargos adicionales y otras condiciones de cooperación comercial no recogidas en el contrato de suministro que se tenga pactado».

En tercer y último lugar, el artículo 17 de la Ley de Competencia Desleal regula la venta a pérdida. Esta venta es la realizada a bajo coste, o por debajo del precio de adquisición del producto, encontrándose prohibida cuando pueda inducir a error a los consumidores respecto del nivel de precios de otros productos o servicios del mismo establecimiento.

También se considera desleal cuando el efecto —que no tiene por qué ser la intención del vendedor— de la venta a pérdida sea el de desacreditar la imagen de un producto o de un establecimiento ajenos. Además, se entenderá desleal la venta a pérdida en los casos en que esta se produzca como una táctica cuyo objetivo sea eliminar a un competidor o grupo de competidores en el mercado, obligándoles a vender por un precio por debajo de los costes e implicando su inviabilidad económica.

Redacción del artículo 17 de la Ley de Competencia Desleal: «1. Salvo disposición contraria de las leyes o de los reglamentos, la fijación de precios es libre.

2. No obstante, la venta realizada bajo coste, o bajo precio de adquisición, se reputará desleal en los siguientes casos:

a) Cuando sea susceptible de inducir a error a los consumidores acerca del nivel de precios de otros productos o servicios del mismo establecimiento.

b) Cuando tenga por efecto desacreditar la imagen de un producto o de un establecimiento ajenos.

c) Cuando forme parte de una estrategia encaminada a eliminar a un competidor o grupo de competidores del mercado».

4. Acciones legales

Existen diversas acciones legales que pueden interponerse contra los actos de competencia desleal, resultando posibles las siguientes:

- Acción declarativa de deslealtad.
- Acción de cesación de la conducta desleal o de prohibición de su reiteración futura.
- Acción de remoción de los efectos producidos por la conducta desleal.
- Acción de rectificación de las informaciones engañosas, incorrectas o falsas.
- Acción de resarcimiento de los daños y perjuicios ocasionados por conducta desleal, si ha intervenido dolo o culpa del agente.
- Acción de enriquecimiento injusto (sólo procede cuando la conducta desleal lesione una posición jurídica amparada por un derecho de exclusiva u otra de análogo contenido económico).

Además, en las sentencias estimatorias de las acciones previstas en los cuatro primeros casos del listado, el tribunal podrá, si así lo estima conveniente, y con cargo al demandado, acordar la publicación total o parcial de la sentencia emitida o, cuando los efectos de la infracción cometida puedan mantenerse durante largo tiempo, una declaración rectificadora[25].

Destacan, además, las acciones frente a los empresarios adheridos públicamente a sus correspondientes códigos de conducta. Si han infringido las obligaciones que, no olvidemos, han asumido de manera voluntaria al adherirse libremente al código de conducta de su sector empresarial.

25 Aunque en un tema distinto al que nos ocupa, estas declaraciones rectificadoras tuvieron su parte polémica también. Resultaron, durante un tiempo, relativamente comunes cuando se aludía, en la denominada prensa rosa, al comportamiento de algún famoso, al que se dejaba en evidencia en la portada de la revista o no salía, cuanto menos, muy favorecido en algún aspecto de su vida personal. Cuando se emitían sentencias que implicaban una declaración de rectificación, las revistas publicaban esta información en el interior de su paginado, y no en la portada como ocurría con la información principal. En la actualidad, se obliga a las publicaciones a que ofrezcan esta información en el mismo lugar en el cual dieron la noticia principal, excepto que alcancen algún tipo de acuerdo -habitualmente de carácter económico- con la persona que ha sido perjudicada con la información.

TEMA 5

LA PUBLICIDAD COMERCIAL

Sumario: 1.Introducción. 2. La integración de la publicidad en los contratos perfeccionados. 3. Las declaraciones publicitarias como continente de los deberes precontractuales de información. 4. Supuestos específicos de publicidad ilícita. 5. El jurado de la publicidad de autocontrol y acciones disponibles contra la publicidad ilícita. 6. Estudio de caso: la publicidad en el sector automovilístico. 6.1. La importancia jurídica de la información precontractual.

1. Introducción

La publicidad comercial es una declaración pública elaborada, principalmente, con el fin último de promover la contratación, tanto si tiene valor informativo, como si es una invitación o reclamo, pues tiende a la celebración de una masa de contratos. En este sentido, sus receptores serán una pluralidad indeterminada de personas, ya sean consumidores o empresarios, y la condición de sus emisores quedará limitada, como regla general, a los empresarios.

Por publicidad, por tanto, se entiende cualquier forma de comunicación que ha sido realizada por una persona física o jurídica, ya sea pública o privada, en el desarrollo de una actividad comercial, industrial, artesanal o profesional, con la finalidad de promover, de una manera directa o indirecta, la contratación de bienes, servicios, derechos u obligaciones.

Se entiende que destinatarios de la publicidad serán aquellas personas a las cuales se dirija el mensaje publicitario —tanto si terminan recibiéndolo o no—, o aquellas a las que dicho mensaje alcance, según indica el artículo 2 de la Ley General de Publicidad.

> Redacción del artículo 2 de la Ley General de Publicidad: «A los efectos de esta Ley, se entenderá por:
>
> – Publicidad: Toda forma de comunicación realizada por una persona física o jurídica, pública o privada, en el ejercicio de una actividad comercial, industrial, artesanal o profesional, con el fin de promover de forma directa o indirecta la contratación de bienes muebles o inmuebles, servicios, derechos y obligaciones.
>
> – Destinatarios: Las personas a las que se dirija el mensaje publicitario o a las que éste alcance».

Precisamente, la publicidad se rige por la Ley 34/1998, de 11 de noviembre, General de Publicidad, por la Ley de Competencia Desleal y por las distintas normas de carácter especial que regulen ciertas actividades publicitarias. Indica esta cuestión el artículo 1 de la Ley General de Publicidad.

> Redacción del artículo 1 de la Ley General de Publicidad: «La publicidad se regirá por esta Ley, por la Ley de Competencia Desleal y por las normas especiales que regulen determinadas actividades publicitarias».

Además, la Ley de Competencia Desleal establece un sistema jurídico de carácter unitario respecto a la deslealtad de las prácticas engañosas o de las agresivas. En general, recoge cuestiones relacionadas con las prácticas desleales.

La disciplina de esta norma resulta de aplicación de manera indistinta al autor de la práctica en cuestión, del hecho que sus destinatarios sean consumidores o se trate de empresarios, y del medio utilizado para la realización de la oferta. La Ley General de Publicidad ha quedado reducida, en la actualidad, a una mera norma de carácter contractual, en la que únicamente se han mantenido supuestos particulares y concretos de publicidad de carácter ilícito y las acciones y remedios que posibilitan su control y represión.

Al objeto de perfeccionar un contrato, tal como dispone el artículo 1262 de nuestro Código Civil, las declaraciones de voluntad principales son la oferta contractual y su aceptación. Una declaración enviada al público podrá ser considerada como oferta contractual cuando contenga los elementos esenciales del contrato, como son el precio del bien o servicio, y refleje la intención contractual de su emisor, interpretada de forma objetiva.

> Redacción del artículo 1262 del Código Civil: «El consentimiento se manifiesta por el concurso de la oferta y de la aceptación sobre la cosa y la causa que han de constituir el contrato.
>
> Hallándose en lugares distintos el que hizo la oferta y el que la aceptó, hay consentimiento desde que el oferente conoce la aceptación o desde que, habiéndosela remitido el aceptante, no pueda ignorarla sin faltar a la buena fe. El contrato, en tal caso, se presume celebrado en el lugar en que se hizo la oferta.
>
> En los contratos celebrados mediante dispositivos automáticos hay consentimiento desde que se manifiesta la aceptación».

Nuestro ordenamiento jurídico reconoce el valor de las ofertas al público como verdaderas ofertas contractuales, siempre y cuando cumplan los requisitos que les son propios. Ello con independencia del medio de comunicación por el que se emita, ya sea por correspondencia, televisión, radio, o haciendo uso de los medios de comunicación electrónicos[26].

Por el contrario, en caso de que no concurran en la declaración los requisitos citados, o la misma incluya en su contenido una reserva llevada a cabo por el emisor, la publicidad constituirá una invitación a negociar o a hacer ofertas. En este último caso, la pretensión del emisor de las declaraciones publicitarias no es otra que la perfección de contratos individualizados, toda vez que los receptores indeterminados de la publicidad se pongan en contacto con él al objeto de contratar. De este modo, los receptores indeterminados pasarán a ser determinados desde el momento en que se personen.

La principal consecuencia de la calificación de la publicidad en uno u otro sentido radica en que únicamente cuando la publicidad constituya una oferta, en sentido estricto, su concurrencia con la aceptación, emitida por cualquiera de sus destinatarios, podrá perfeccionar el contrato. Por el contrario, si la declaración enviada al público tiene naturaleza de invitación solo cabrá, en su caso, que se inicien negociaciones entre el emisor de la declaración y su receptor.

Por lo expuesto, la calificación de la publicidad tiene relevancia, en fase de formación del contrato, al objeto de saber si puede ser exigida o no su perfección. Sin embargo, toda vez que el contrato se haya celebrado, lo relevante en la fase de ejecución es determinar si el contenido de la publicidad puede ser exigido, en su totalidad o en parte, o no.

26 El Ordenamiento jurídico español utiliza en varias ocasiones la expresión *«análoga naturaleza»* para referirse a listados de características abiertas, lo que permite adaptarse con mayor facilidad a los nuevos medios o métodos existentes. Encontramos, así, varios ejemplos de esta cuestión, como el artículo 1800 CC, referido a los juegos y apuestas.

2. La integración de la publicidad en los contratos perfeccionados

A fin de conocer cuál es la eficacia jurídico vinculante de la publicidad en el ámbito del derecho inmobiliario, es preciso remitirse tanto a las disposiciones del Texto Refundido de la Ley General de Defensa de Consumidores y usuarios, —en adelante TrLGDCU—, como a la legislación especial. Estas normas incorporan disposiciones específicas en relación con la formación del contrato que afectan a la eficacia vinculante de las declaraciones públicas (oferta, promoción, publicidad) para su emisor.

A estos efectos, las declaraciones publicitarias que se tienen en consideración, a la hora de valorar su incorporación en la esfera contractual, son todas aquellas que poseen un contenido informativo preciso y detallado, de manera que puedan determinar, al menos en parte, el consentimiento del otro contratante. En consecuencia, no servirá cualquier tipo de publicidad.

Por medio del principio de integración, regulado tanto en el artículo 61 del TrLGDCU como, por ejemplo, en el artículo 3 del Real Decreto 515/1989, de 21 de abril, sobre protección de los consumidores en cuanto a la información a suministrar en la compraventa y arrendamiento de viviendas, los consumidores pueden exigir el contenido de la publicidad una vez que el contrato haya sido perfeccionado.

> Redacción del artículo 61 del Texto refundido para la Ley General de Defensa de los Consumidores y Usuarios: «1. La oferta, promoción y publicidad de los bienes o servicios se ajustarán a su naturaleza, características, utilidad o finalidad y a las condiciones jurídicas o económicas de la contratación.
>
> 2. El contenido de la oferta, promoción o publicidad, las prestaciones propias de cada bien o servicio, las condiciones jurídicas o económicas y garantías ofrecidas serán exigibles por los consu-

> midores y usuarios, aún cuando no figuren expresamente en el contrato celebrado o en el documento o comprobante recibido y deberán tenerse en cuenta en la determinación del principio de conformidad con el contrato.
>
> 3. No obstante lo dispuesto en el apartado anterior, si el contrato celebrado contuviese cláusulas más beneficiosas, estas prevalecerán sobre el contenido de la oferta, promoción o publicidad».

Por el contrario, hacer valer el principio de integración de la publicidad en la fase precontractual suscita dudas interpretativas, puesto que puede provocar convertir las declaraciones publicitarias en ofertas contractuales o en fuente de obligaciones para el empresario desde el momento en que fueran emitidas. En ese caso, el principio de integración perdería su finalidad, ya que los receptores de la publicidad podrían exigir la perfección del contrato de conformidad con lo dispuesto en las normas de derecho común, sin necesidad de recurrir a la normativa de consumo.

Por lo expuesto, únicamente en el caso de que la publicidad tenga la naturaleza jurídica de oferta contractual los consumidores podrán exigir al empresario la perfección del contrato. De otro modo, la publicidad constituirá una declaración sugestiva, informativa o una invitación a negociar o a hacer ofertas.

En este sentido, los destinatarios de la publicidad solo tendrán la posibilidad bien de iniciar negociaciones con los emisores de las declaraciones y, en su caso, exigir el contenido del mensaje publicitario una vez que el contrato ya haya sido celebrado, o bien, solicitar al empresario que, en caso de que decida elaborar una oferta contractual, la misma contenga las declaraciones que previamente ha publicitado. Supuesto este último en el que los receptores de la publicidad sí podrían exigir el contenido de las declaraciones en fase de formación de contrato.

En consecuencia, las declaraciones publicitarias integran la oferta contractual, pero no perfeccionan por sí mismas el contrato. Con todo, cabe advertir que el empresario no pude ser obligado a emitir una oferta contractual, circunstancia que no impide valorar su posible responsabilidad extracontractual.

La publicidad es susceptible de generar confianza en sus receptores, por lo que debe vincular a sus emisores con independencia de que exista dolo o negligencia por su parte. Las declaraciones publicitarias contienen información relevante que ha podido servir a la formación de la voluntad de los compradores y, sin embargo, no se ha tenido presente en el contrato y la entrega del bien final.

No obstante, cabe señalar que los consumidores podrán exigir el contenido de la publicidad sin necesidad de que exista nexo causal entre la publicidad y su conocimiento. Las legítimas expectativas de los consumidores han de entenderse en relación con la confianza de los consumidores en la eficacia vinculante de la publicidad para su emisor, y no solo en la influencia que ha tenido el contenido de la declaración publicitaria en su decisión final.

Asimismo, el contenido de la publicidad puede ser exigido existan o no lagunas en el contrato. Con todo, la posibilidad de integración del contrato más allá de la existencia de lagunas contractuales no excluye admitir que, atendiendo a las circunstancias del caso, se reconozcan límites a la integración de los contratos. Ello siempre y cuando el emisor de las declaraciones pueda probar el consentimiento del consumidor, previamente informado, o la existencia de abusos por parte de estos últimos. En este sentido, parece razonable acudir a los principios de Derecho común como límite a los derechos subjetivos de las partes a fin de hacer valer la autonomía de la voluntad de los contratantes.

A estos efectos, si bien es cierto que el carácter imperativo reconocido a disposiciones normativas, como el artículo 61 del TrLGDCU, supone que los contratantes no pueden suprimir los derechos reconocidos a los consumidores, la imperatividad de la norma no prohíbe la validez de los pactos y negociaciones que hayan podido llevar a cabo las partes. Esto se produce siempre que exista el debido consentimiento informado y no quede limitada la voluntad ni defraudada la confianza del consumidor.

En relación con lo expuesto, cabe recordar que en nuestro ordenamiento prima el principio de autonomía de la voluntad de las partes, por lo que no sería adecuado excluir de forma absoluta los acuerdos que, aun cuando hayan modificado declaraciones precontractuales, deriven en un contrato perfeccionado por la voluntad concurrente de los sujetos intervinientes.

En todo caso, de surgir conflicto, serán los tribunales los que deban otorgar una solución sobre la operatividad del principio de integración, atendiendo al supuesto de hecho concreto, en lugar de fijar una regla general.

Con todo, junto a lo señalado en los párrafos precedentes, es preciso matizar que en el caso de cláusulas unilaterales introducidas en el contrato por el empresario se acentúa la operatividad del principio de integración, pese a la inexistencia de lagunas.

Estos supuestos reclaman de la mayor protección de los consumidores como parte más débil en la relación contractual. En este sentido, el vendedor no puede servirse de reservas que priven a los consumidores de los derechos que les son legalmente reconocidos, ya que, en ese caso, las cláusulas tendrán la consideración de abusivas.

El incumplimiento del contenido de las declaraciones por parte de su emisor permite, de acuerdo con las reglas generales del Derecho de obligaciones y contratos, exigir el cumplimiento *in natura* de la prestación y, en caso de no ser posible, su equivalente pecuniario.

De igual modo, es posible solicitar, cuando concurran los presupuestos exigidos en cada caso, la nulidad o anulabilidad del contrato por vicios del consentimiento, o la resolución del contrato si el incumplimiento presenta entidad suficiente. Ello dado que puede que el consumidor prefiera desligarse del contrato si puede probar la existencia de error o dolo por culpa del empresario contratante, en vez de solicitar el cumplimiento del contrato. Todo lo anterior, sin perjuicio del ejercicio de la acción de indemnización por los daños y perjuicios que se hayan producido.

3. Las declaraciones publicitarias como continente de los deberes precontractuales de información

Los deberes de información hacen referencia a todo el contenido informativo o explicativo, de carácter obligatorio, que debe ser puesto en conocimiento de los consumidores previa celebración de un contrato.

En este sentido, siempre que el contrato adolezca de determinadas cláusulas contractuales relevantes, como los derechos y obligaciones de las partes (por ejemplo, el derecho de desistimiento), los consumidores podrán exigir la integración de la información, de conformidad con lo dispuesto en el artículo 65 del TrLGDCU, y comprometer la responsabilidad contractual del empresario. Cabe señalar que el ámbito de aplicación de este artículo también puede ser extensible a otros supuestos de integración, como por ejemplo cuando se incorporen cláusulas nulas en los contratos.

> Redacción del artículo 65 del Texto refundido de la Ley General para la Defensa de los Consumidores y Usuarios: «Los contratos con los consumidores y usuarios se integrarán, en beneficio del consumidor, conforme al principio de buena fe objetiva, también en los supuestos de omisión de información precontractual relevante».

El citado artículo 65 del TrLGDCU es complementario al artículo 61 del mismo cuerpo legal, relativo a la integración contractual de la publicidad. La distinción entre ambos carece de relevancia práctica en tanto que los dos artículos reflejan la eficacia vinculante que tienen las declaraciones precontractuales para su emisor, pese a no tener naturaleza jurídica de ofertas contractuales.

Resulta preciso advertir que la elaboración de las declaraciones publicitarias es voluntad de sus emisores, los cuales pueden incluir en ellas tanto información contractual obligatoria, prevista en las normas, como información voluntaria acerca de prestaciones adicionales, exclusivas, de las que el empresario ha dotado a los bienes que pone a disposición del público.

Circunstancia la anterior que en determinadas ocasiones genera una superposición de conceptos en sus manifestaciones. Así, las declaraciones publicitarias y los deberes de información son elementos precontractuales diferentes, pero interrelacionados.

La información obligatoria, regulada en las normas generales de protección de consumidores, así como en las leyes sectoriales, que ha de figurar en determinadas declaraciones precontractuales también desempeña una función importante desde el ámbito de Derecho de la competencia que, indirectamente, incide en el ámbito contractual.

En este sentido, a fin de proteger a los receptores de declaraciones precontractuales de engaños, se han incrementado progresivamente los deberes de información. Este hecho promueve que los empresarios incorporen cada vez más información obligatoria en la publicidad, al objeto de cumplir con el principio de veracidad exigible y evitar que sus prácticas se consideren engañosas. Afirmación que implica que las declaraciones publicitarias sobrecargadas de contenido informativo puedan cumplir con los requisitos esenciales para ser consideradas ofertas contractuales en sentido estricto.

Con todo, la determinación de la naturaleza de las declaraciones precontractuales, entre las que se encuentra la publicidad, no solo queda afectada por la inclusión de información que evite inducir a errores a sus receptores, también es relevante la diversidad terminológica contemplada en nuestro ordenamiento jurídico, en cuanto a dichas declaraciones precontractuales se refiere, como publicidad, promoción, oferta vinculante, oferta comercial, folleto, invitación a comprar, entre otras.

Un ejemplo de esta pluralidad de términos lo encontramos en la Ley 2/2009, de 31 de marzo, por la que se regula la contratación con los consumidores de préstamos o créditos hipotecarios y de servicios de intermediación para la celebración de contratos de préstamo o crédito.

En este sentido, su capítulo II, dedicado a la actividad de contratación de préstamos o créditos hipotecarios, regula, en los artículos 12 a 14, y 16, el contenido de la publicidad emitida por las empresas, el folleto informativo sobre préstamos o créditos hipotecarios, la información previa al contrato y las ofertas vinculantes, respectivamente. De la lectura de las disposiciones relativas al contenido de las citadas declaraciones podemos advertir que poseen una naturaleza jurídica diferente.

> Redacción del artículo 12 de la Ley 2/2009: «1. En la publicidad y comunicaciones comerciales de las empresas y en los anuncios y ofertas exhibidos en sus establecimientos abiertos al público en los que se ofrezcan préstamos o créditos hipotecarios, siempre que se haga referencia al importe del crédito o préstamo o se indique el tipo de interés o cualesquiera cifras relacionadas con el coste del crédito o préstamo, las empresas deberán mencionar también la tasa anual equivalente, mediante un ejemplo representativo, así como aquellos otros extremos que, siendo compatibles con la legislación sobre prácticas comerciales desleales con los consumidores, reglamentariamente determinen las comunidades autónomas.
>
> 2. En el caso de que la comunicación comercial se refiera a la agrupación de distintos créditos o préstamos en uno solo, deberá facilitarse información de forma clara, concisa y destacada de cualquier tipo de gastos relacionados con la citada agrupación. Además se prohíbe hacer referencia a la reducción de la cuota mensual a pagar, sin mencionar de forma expresa el aumento del capital pendiente y el plazo de pago del nuevo préstamo o crédito».
>
> Redacción del artículo 13 de la Ley 2/2009: «1. Las empresas deberán informar obligatoriamente

a los consumidores que soliciten préstamos o créditos hipotecarios mediante la entrega gratuita de un folleto en el que conste la información prevista en el artículo 14.1.a) y con el contenido mínimo del anexo I de la Orden de 5 de mayo de 1994, sobre transparencia de las condiciones financieras de los préstamos hipotecarios.

El consumidor podrá conservar en su poder el folleto, aun cuando opte por no concertar el préstamo o crédito con la empresa.

2. El folleto informativo indicará con claridad los gastos preparatorios de la operación, tales como asesoramiento, tasación, comprobación de la situación registral del inmueble, u otros que sean a cargo del consumidor aun cuando el préstamo o crédito no llegue a otorgarse, así como los demás extremos que, siendo compatibles con la legislación comunitaria sobre la materia, determinen las comunidades autónomas reglamentariamente. La información sobre estos gastos es vinculante cuando la empresa concierte o efectúe directamente la prestación del servicio.

3. La información sobre el resto de los gastos, tipos de interés, tarifas o comisiones respetará lo dispuesto en el artículo 5, indicando expresamente el carácter orientativo de aquéllos que estén sujetos al resultado de la negociación y a las condiciones concretas de la operación que se contrate.

Lo anterior se entiende sin perjuicio de lo dispuesto en materia de publicidad y prácticas desleales».

Redacción del artículo 14 de la Ley 2/2009: «1. La empresa deberá suministrar de forma gratuita al consumidor, con una antelación mínima de cinco días naturales a la celebración del contrato y, en todo caso, antes de que asuma cualquier obligación derivada de la oferta o del contrato de préstamo o crédito hipotecario, al menos la siguiente información:

a) En cuanto a la propia empresa:

1.º Identidad, número o código de identificación fiscal, razón social, domicilio social y actividad principal de la empresa.

2.º En su caso, página web de la empresa y su carácter de franquiciado.

3.º Póliza de seguro de responsabilidad civil o aval y entidad aseguradora o de crédito con la que se haya contratado.

4.º El Registro, autonómico o estatal, en el que la empresa esté inscrita y su número de registro.

b) En cuanto al préstamo o crédito hipotecario ofrecido:

1.º Una descripción de las principales características del contrato de préstamo o crédito.

2.º El precio total que debe pagar el consumidor a la empresa con inclusión de todas las comisiones, cargas y gastos, así como todos los impuestos pagados a través de la empresa o, cuando no pueda indicarse un precio exacto, la base de cálculo que permita al consumidor comprobar el precio, así como la tasa anual equivalente expresada mediante un ejemplo representativo.

3.º Una advertencia que indique que el préstamo o crédito ofrecido está relacionado con instrumentos u operaciones que implican riesgos especiales, tales como que el precio del contrato se incremente de manera significativa, ya deriven de sus características específicas o de las operaciones que se vayan a ejecutar o cuyo precio depende de fluctuaciones en mercados financieros ajenos al control de la empresa y cuyos resultados históricos no son indicadores de resultados futuros. En todo caso, el consumidor, a través de tal advertencia, deberá obtener un conocimiento adecuado de los riesgos asociados a la financiación de estas operaciones, con especial referencia al riesgo de tipo de interés asumido.

4.º La indicación de que puedan existir otros impuestos o gastos que no se paguen a través de la empresa o que no los facture ella misma. No obstante en el caso de que estos gastos fueran causados por entidades o personas designadas por la empresa deberá hacerse constar cuáles son y su cuantía.

5.º Las modalidades de pago y de ejecución.

c) En cuanto al contrato de préstamo o crédito hipotecario:

1.º Los supuestos en que existe el derecho a obtener una oferta vinculante conforme a lo previsto en el artículo 16, su duración y las condiciones y modo para ejercerlo.

2.º Información acerca de cualquier derecho que puedan tener las partes para resolver el contrato anticipadamente o unilateralmente con arreglo a la legislación que resulte aplicable y a las condiciones del contrato, incluidas las compensaciones que pueda contener el contrato en ese caso.

3.º En cuanto a los medios de reclamación, a qué sistemas de resolución extrajudicial de conflictos puede el consumidor tener acceso y cómo puede acceder a ellos.

4.º Lengua o lenguas en las que podrá formalizarse el contrato, en este caso a elección del consumidor, cuando ésta no sea la lengua en la que se le ha ofrecido la información previa a la contratación.

5.º Legislación y tratamiento tributario aplicable al contrato.

2. La información prevista en este artículo se prestará por escrito o en cualquier soporte de naturaleza duradera que permita la constancia de la fecha de su recepción por el destinatario y su conservación, reproducción y acceso a dicha información.

3. El incumplimiento de los requisitos relativos a la información previa que se deriven de los contratos, así como los relativos al suministro de dicha información previa, que se establecen en este artículo, podrá dar lugar a la invalidez de los contratos, de acuerdo con lo previsto en la legislación civil, sin perjuicio de la integración de los contratos conforme a lo previsto en los artículos 61 y 65 del texto refundido de la Ley General para la Defensa de los Consumidores y Usuarios y otras Leyes complementarias.

4. Las comunidades autónomas, en el ejercicio de sus competencias en materia de consumo,

> podrán determinar reglamentariamente cualquier otra información, compatible con la legislación comunitaria sobre la materia, que la empresa deba comunicar al consumidor de forma previa al contrato».
>
> Redacción del artículo 16 de la Ley 2/2009: «1. Efectuadas la tasación del inmueble y, en su caso, las oportunas comprobaciones sobre la situación registral de la finca y la capacidad financiera del prestatario, las empresas vendrán obligadas a efectuar una oferta vinculante de préstamo o crédito al consumidor o, en su caso, a notificarle la denegación del préstamo o crédito.
>
> 2. La oferta se formulará por escrito y especificará, en su mismo orden, las condiciones financieras correspondientes a las cláusulas financieras señaladas en el anexo II de la Orden de 5 de mayo de 1994, sobre transparencia de las condiciones financieras de los préstamos hipotecarios, para la escritura de préstamo. La oferta deberá ser firmada por representante de la empresa y, salvo que medien circunstancias extraordinarias o no imputables a la empresa, tendrá un plazo de validez no inferior a diez días hábiles desde su fecha de entrega.
>
> 3. En el documento que contenga la oferta vinculante se hará constar de forma destacada el derecho del consumidor, en caso de que acepte la oferta, a examinar el proyecto de documento contractual, con una antelación de tres días, en el despacho del notario autorizante».

De acuerdo con la afirmación anterior, la importancia que tiene la identidad del contratante para la entidad de crédito hace que los documentos informativos o publicitarios no puedan convertirse directamente en ofertas contractuales en sentido estricto. Únicamente la denominada oferta vinculante, regulada en el artículo 16 de la Ley 2/2009, puede ser identificada con aquella.

De este modo, en caso de que la oferta vinculante emitida en favor del consumidor concreto, una vez comprobada la situación registral de la finca, así como la capacidad financiera del prestatario, sea aceptada, se perfeccionará el contrato.

Cabe señalar que la regulación de la oferta vinculante en esta ley es más favorable al consumidor que lo previsto en el artículo 8 de la Ley 16/2011, de 24 de junio, de contratos de crédito al consumo, respecto de la misma figura.

> Redacción del artículo 8 de la Ley de Contratos de Crédito al Consumo: «El prestamista que ofrezca un crédito a un consumidor estará obligado a entregarle antes de la celebración del contrato, si el consumidor así lo solicita, un documento con todas las condiciones del crédito en términos idénticos a lo establecido en el artículo 10 para la información previa al contrato, como oferta vinculante que deberá mantener durante un plazo mínimo de catorce días naturales desde su entrega, salvo que medien circunstancias extraordinarias o no imputables a él.
>
> Si esta oferta se hace al mismo tiempo que se comunica la información previa al contrato prevista en el artículo 10, deberá facilitarse al consumidor en un documento separado que podrá adjuntarse a la Información normalizada europea sobre crédito al consumo».
>
> Redacción del artículo 10 de la Ley de Contratos de Crédito al Consumo: «1. El prestamista y, en su caso, el intermediario de crédito deberán facilitar de forma gratuita al consumidor, con la debida antelación y antes de que el consumidor asuma cualquier obligación en virtud de un contrato u oferta de crédito sobre la base de las condiciones del crédito ofrecidas por el prestamista y, en su caso, de las preferencias manifestadas y de la información facilitada por el consumidor, la información que sea precisa para comparar las diversas ofertas y adoptar una decisión informada sobre la suscripción de un contrato de crédito.
>
> 2. Esta información, en papel o en cualquier otro soporte duradero, se facilitará mediante la Informa-

ción normalizada europea sobre el crédito al consumo que figura en el anexo II.

3. Dicha información deberá especificar:

a) El tipo de crédito.

b) La identidad y el domicilio social del prestamista, así como en su caso la identidad y el domicilio social del intermediario del crédito implicado.

c) El importe total del crédito y las condiciones que rigen la disposición de fondos.

d) La duración del contrato de crédito.

e) En caso de créditos en forma de pago diferido por un bien o servicio y de contratos de crédito vinculados, el producto o servicio y su precio al contado.

f) El tipo deudor y las condiciones de aplicación de dicho tipo, y, si se dispone de ellos, los índices o tipos de referencia aplicables al tipo deudor inicial, así como los períodos, condiciones y procedimientos de variación del tipo deudor.

Si se aplican diferentes tipos deudores en diferentes circunstancias, la información arriba mencionada respecto de todos los tipos aplicables.

g) La tasa anual equivalente y el importe total adeudado por el consumidor, ilustrado mediante un ejemplo representativo que incluya todas las hipótesis utilizadas para calcular dicha tasa.

Cuando el consumidor haya informado al prestamista sobre uno o más componentes de su crédito preferido, como por ejemplo la duración del contrato de crédito y su importe total, el prestamista deberá tener en cuenta dichos componentes.

Si el contrato de crédito prevé diferentes formas de disposición de fondos con diferentes tasas o tipos de préstamo, y el prestamista se acoge al supuesto contemplado en la parte II, letra b), del anexo I, deberá indicar que, para ese tipo de contrato de crédito, la tasa anual equivalente podría ser más elevada con otros mecanismos de disposición de fondos.

h) El importe, el número y la periodicidad de los pagos que deberá efectuar el consumidor y en su caso el orden en que deben asignarse los pagos a distintos saldos pendientes sometidos a distintos tipos deudores a efectos de reembolso.

i) En su caso, los gastos de mantenimiento de una o varias cuentas, si fuera necesario para registrar a la vez las operaciones de pago y de disposición del crédito, salvo que la apertura de la cuenta sea facultativa, los gastos relativos a la utilización de un medio de pago que permita efectuar a la vez las operaciones de pago y de disposición del crédito, así como cualquier gasto derivado del contrato de crédito y las condiciones en que dichos gastos podrán modificarse.

j) En su caso, la existencia de costes adeudados al notario por el consumidor al suscribir el contrato de crédito.

k) Los servicios accesorios al contrato de crédito, en particular de seguro, cuando la obtención del crédito o su obtención en las condiciones ofrecidas estén condicionadas a la suscripción del servicio accesorio. Deberán también facilitarse las condiciones que alternativamente se aplicarían al contrato de crédito al consumo si no se contrataran los servicios accesorios y, en particular, pólizas de seguros.

l) El tipo de interés de demora, así como las modalidades para su adaptación y, cuando procedan, los gastos por impago.

m) Una advertencia sobre las consecuencias en caso de impago.

n) Cuando proceda, las garantías exigidas.

o) La existencia o ausencia de derecho de desistimiento.

p) El derecho de reembolso anticipado y, en su caso, información sobre el derecho del prestamista a una compensación y sobre la manera en que se determinará esa compensación con arreglo al artículo 30.

q) El derecho del consumidor a ser informado de forma inmediata y gratuita del resultado de la consulta de una base de datos para la evaluación de su solvencia, conforme al artículo 15, apartado 2.

r) El derecho del consumidor a recibir gratuitamente, previa solicitud, una copia del proyecto del contrato de crédito, salvo que en el momento de la solicitud el prestamista no esté dispuesto a celebrar el contrato de crédito con el consumidor.

s) En su caso, el período de tiempo durante el cual el prestamista queda vinculado por la información precontractual.

4. Cualquier información adicional que el prestamista pueda comunicar al consumidor será facilitada en un documento aparte que podrá adjuntarse a la Información normalizada europea sobre el crédito al consumo.

5. Se considera que el prestamista ha cumplido los requisitos de información de los apartados 1, 2 y 3 del presente artículo y de los apartados 1 y 2 del artículo 7 de la Ley 22/2007, de 11 de julio, sobre comercialización a distancia de servicios financieros destinados a los consumidores, si facilita la Información normalizada europea sobre el crédito al consumo.

6. En el caso de comunicación a través de telefonía vocal a que se refiere la Ley 22/2007, de 11 de julio, sobre comercialización a distancia de servicios financieros destinados a los consumidores, la descripción de las características principales del servicio financiero deberá incluir al menos los elementos considerados en el apartado 3, letras c), d), e), f), h) y k) del presente artículo, junto con la tasa anual equivalente ilustrada mediante un ejemplo representativo y el importe total adeudado por el consumidor.

7. Si el contrato se hubiera suscrito, a petición del consumidor, utilizando un medio de comunicación a distancia que no permita facilitar la información prevista en el apartado 3, en particular en el caso contemplado en el apartado 6, el prestamista facilitará al consumidor toda la información precontractual utilizando el formulario de Información normalizada europea sobre crédito al consumo inmediatamente después de la celebración del contrato.

8. Además de la Información normalizada europea sobre el crédito al consumo, se facilitará gratui-

tamente al consumidor, previa petición, una copia del proyecto del contrato de crédito, salvo cuando el prestamista no esté dispuesto, en el momento de la solicitud, a celebrar el contrato de crédito con el consumidor.

9. En el caso de los contratos de crédito en que los pagos efectuados por el consumidor no producen una amortización correspondiente del importe total del crédito, sino que sirven para reconstituir el capital en las condiciones y los períodos establecidos en el contrato de crédito o en un contrato accesorio, la información precontractual deberá incluir, además, una declaración clara y concisa de que tales contratos no prevén una garantía de reembolso del importe total del crédito del que se haya dispuesto en virtud del contrato, salvo que se conceda dicha garantía».

Ello en cuanto que esta última señala que la oferta vinculante será puesta a disposición del consumidor siempre que el mismo lo solicite, de otro modo la entidad no estará obligada a entregársela. Circunstancia que puede provocar indefensión de los derechos de los consumidores.

Siguiendo la opinión doctrinal, es preferible la opción legislativa que impone la entrega obligatoria de la oferta vinculante ya que de otro modo se deja en manos del consumidor la protección que el legislador quiere otorgarle.

4. Supuestos específicos de publicidad ilícita

Se considera ilícita la publicidad cuando, en primer lugar, atente contra la dignidad de la persona, o vulnere los distintos valores y derechos reconocidos en la Constitución Española, especialmente los recogidos en los artículos 14, 18 y 20.4.

Redacción del artículo 14 de la Constitución Española: «Los españoles son iguales ante la ley, sin que pueda prevalecer discriminación alguna por razón de nacimiento, raza, sexo, religión, opinión o cualquier otra condición o circunstancia personal o social».

Redacción del artículo 18 de la Constitución Española: «1. Se garantiza el derecho al honor, a la intimidad personal y familiar y a la propia imagen.

2. El domicilio es inviolable. Ninguna entrada o registro podrá hacerse en él sin consentimiento del titular o resolución judicial, salvo en caso de flagrante delito.

3. Se garantiza el secreto de las comunicaciones y, en especial, de las postales, telegráficas y telefónicas, salvo resolución judicial.

4. La ley limitará el uso de la informática para garantizar el honor y la intimidad personal y familiar de los ciudadanos y el pleno ejercicio de sus derechos».

Redacción del artículo 20 de la Constitución Española: «1. Se reconocen y protegen los derechos:

a) A expresar y difundir libremente los pensamientos, ideas y opiniones mediante la palabra, el escrito o cualquier otro medio de reproducción.

b) A la producción y creación literaria, artística, científica y técnica.

c) A la libertad de cátedra.

d) A comunicar o recibir libremente información veraz por cualquier medio de difusión. La ley regulará el derecho a la cláusula de conciencia y al secreto profesional en el ejercicio de estas libertades.

2. El ejercicio de estos derechos no puede restringirse mediante ningún tipo de censura previa.

3. La ley regulará la organización y el control parlamentario de los medios de comunicación social dependientes del Estado o de cualquier ente público y garantizará el acceso a dichos medios de los grupos sociales y políticos significativos, respetando el pluralismo de la sociedad y de las diversas lenguas de España.

4. Estas libertades tienen su límite en el respeto a los derechos reconocidos en este Título, en los preceptos de las leyes que lo desarrollen y, especialmente, en el derecho al honor, a la intimidad, a la propia imagen y a la protección de la juventud y de la infancia.

5. Sólo podrá acordarse el secuestro de publicaciones, grabaciones y otros medios de información en virtud de resolución judicial».

Entendemos incluidos en esta previsión de ilicitud los distintos anuncios que presenten a las mujeres de forma vejatoria o discriminatoria, bien utilizando particular y directamente su cuerpo como un mero objeto u ofreciendo una imagen que incida en cualquier estereotipo.

Igualmente, se entiende ilícita toda publicidad dirigida a menores que les incite a la adquisición de un bien o servicio, explotando para ello su inexperiencia o credulidad, o aquella en la que aparezcan persuadiendo de la compra de algún producto a sus padres o tutores.

Además, no se encuentra permitido, sin que exista motivo justificado, la presentación de niños en situaciones peligrosas.

Debe indicarse, también, que la publicidad no debe en ningún caso inducir a error sobre las características ofrecidas por los productos publicitados[27], ni sobre su seguridad, ni respecto a la capacidad y aptitudes necesarias en el niño para la utilización del producto en cuestión sin producir algún daño propio o para terceros.

Se entiende como ilícita la publicidad subliminal. Bajo dicha acepción, nos encontramos con aquella publicidad que, mediante técnicas de producción de estímulos de intensidades fronterizas con los umbrales de los sentidos o análogas, tienen la capacidad —o pueden tener la capacidad— de actuar sobre el público destinatario, sin que este sea consciente de haber percibido dicha información.

---

27 No obstante, y dado que se entiende que la publicidad tiene como finalidad persuadir al público objetivo para su adquisición, resulta comprensible que algunas de las capacidades del producto no se correspondan con la realidad, sino que se permita cierta exageración, especialmente cuando resulta comprensible por el público que dicha capacidad no existe realmente. En su momento, aunque después fue retirado por ser considerado machista, resultaba buen ejemplo de esta cuestión el anuncio de la compañía de desodorantes Axe, cuyos productos hacían que los hombres que los empleaban obtuvieran automáticamente la atención femenina.

En definitiva, no actúa sobre el consciente, sino sobre el subconsciente, de modo que los receptores del mensaje publicitario no tienen el conocimiento de haber recibido este mensaje, lo que implica que no disponen de la posibilidad de negarse a la adquisición de los productos, pues no saben por qué tienen el impulso de comprarlos.

Del mismo modo, también se reputa como ilícita la publicidad que infrinja lo dispuesto en la normativa específica que regule la publicidad de determinados productos, bienes, actividades o servicios.

Respecto a esta última cuestión, la Ley General de Publicidad se refiere a la publicidad de productos sanitarios y de aquellos otros que se encuentran sometidos a reglamentaciones de carácter técnico-sanitario. Igualmente, a los productos o bienes susceptibles de generar riesgo para la salud o la seguridad de las personas, así como a su patrimonio.

En este último punto quedan incluidos los juegos de azar, envite o suerte, que además han sufrido modificaciones hace poco tiempo. Incluso estos últimos meses, todavía resultaba prácticamente imposible ver algún evento deportivo en televisión —o escucharlo por la radio, o leer su crónica en los medios de comunicación— sin ver algún anuncio publicitario de casas de apuestas.

Los reglamentos que desarrollen estas previsiones concretas deberán especificar en su redacción los siguientes puntos:

- La naturaleza y las características de los productos, bienes, actividades y servicios cuya publicidad resulte objeto de regulación.
- La forma y condiciones en las que podrá realizarse la difusión de los mensajes publicitarios.
- Los requisitos de autorización.
- De la misma manera, deberán recoger los posibles riesgos derivados de un uso normal de los mismos.

Cuando se trata de productos medicamentosos, estupefacientes o psicotrópicos destinados al uso humano o animal, sólo podrán ser objeto de publicidad en los casos, formas y condiciones que se encuentran recogidos en las normas especiales que los regulen[28], como indica el artículo 5.4 de la Ley General de Publicidad.

> Redacción del artículo 5 de la Ley General de Publicidad: «1. La publicidad de materiales o productos sanitarios y de aquellos otros sometidos a reglamentaciones técnico-sanitarias, así como la de los productos, bienes, actividades y servicios susceptibles de generar riesgos para la salud o seguridad de las personas o de su patrimonio, o se trate de publicidad sobre juegos de suerte, envite o azar, podrá ser regulada por sus normas especiales o sometida al régimen de autorización administrativa previa. Dicho régimen podrá asimismo establecerse cuando la protección de los valores y derechos constitucionalmente reconocidos así lo requieran.
>
> 2. Los reglamentos que desarrollen lo dispuesto en el número precedente y aquellos que al regular un producto o servicio contengan normas sobre su publicidad especificarán:
>
> a) La naturaleza y características de los productos, bienes, actividades y servicios cuya publicidad sea objeto de regulación. Estos reglamentos establecerán la exigencia de que en la publicidad de estos productos se recojan los riesgos derivados, en su caso, de la utilización normal de los mismos.
>
> b) La forma y condiciones de difusión de los mensajes publicitarios.
>
> c) Los requisitos de autorización y, en su caso, registro de la publicidad, cuando haya sido sometida al régimen de autorización administrativa previa.

---

28 Hasta hace unos años, resultaba habitual que aparecieran en pantalla, para anunciar productos farmacéuticos o medicamentos, actores, haciéndose pasar por doctores reales. En ocasiones, incluso aparecía en pantalla un número ficticio de colegiación médica. En la actualidad, esta posibilidad no puede ya realizarse.

En el procedimiento de elaboración de estos reglamentos será preceptiva la audiencia de las organizaciones empresariales representativas del sector, de las asociaciones de agencias y de anunciantes y de las asociaciones de consumidores y usuarios, en su caso, a través de sus órganos de representación institucional.

3. El otorgamiento de autorizaciones habrá de respetar los principios de libre competencia, de modo que no pueda producirse perjuicio de otros competidores.

La denegación de solicitudes de autorización deberá ser motivada.

Una vez vencido el plazo de contestación que las normas especiales establezcan para los expedientes de autorización, se entenderá otorgado el mismo por silencio administrativo positivo.

4. Los productos estupefacientes, psicotrópicos y medicamentos, destinados al consumo de personas y animales, solamente podrán ser objeto de publicidad en los casos, formas y condiciones establecidos en las normas especiales que los regulen.

5. Se prohíbe la comunicación comercial audiovisual de bebidas alcohólicas con un nivel superior a veinte grados, excepto cuando sea emitida entre la 1:00 y las 5:00 horas.

La comunicación comercial audiovisual de bebidas alcohólicas con un nivel igual o inferior a veinte grados, se someterá a los requisitos establecidos en la normativa de comunicación audiovisual.

Queda prohibida la publicidad de bebidas alcohólicas con graduación alcohólica superior a veinte grados en aquellos lugares donde esté prohibida su venta o consumo.

La forma, contenido y condiciones de la publicidad de bebidas alcohólicas serán limitados reglamentariamente en orden a la protección de la salud y seguridad de las personas, teniendo en cuenta los sujetos destinatarios, la no inducción directa o indirecta a su consumo indiscriminado y en atención a los ámbitos educativos, sanitarios y deportivos.

> Con los mismos fines que el párrafo anterior el Gobierno podrá, reglamentariamente, extender las prohibiciones previstas en este apartado para bebidas con más de veinte grados a bebidas con graduación alcohólica inferior a veinte grados.
>
> 6. El incumplimiento de las normas especiales que regulen la publicidad de los productos, bienes, actividades y servicios a que se refieren los apartados anteriores, tendrá consideración de infracción a los efectos previstos en la Ley General para la Defensa de los Consumidores y Usuarios y en la Ley General de Sanidad».

No queda permitida, además, la publicidad de todo tipo de bebidas alcohólicas en los lugares en que se encuentre prohibida su venta o su consumo, así como la publicidad que se emita por televisión, cuando la graduación alcohólica de las bebidas supere los veinte grados. Esta última prohibición puede extenderse por parte del gobierno a las bebidas con una graduación inferior.

Como norma general, tanto la forma, como el contenido y las condiciones de la publicidad de las bebidas alcohólicas se encontrarán limitados reglamentariamente, en orden a la prevalente protección de la salud y la seguridad de las personas, tal y como señala el artículo 5.5 de la Ley General de Publicidad.

De hecho, el inicio de la fabricación y comercialización de las cervezas sin alcohol obedeció a estas premisas, pues su venta se encontraba muy lejos de los ideales de la industria. Pero, si los fabricantes utilizaban el mismo etiquetado y envase, añadiéndolo únicamente el hecho de tratarse de una cerveza sin alcohol, podían mostrar en los anuncios su imagen, marca y producto, simplemente con ese añadido final.

En el caso de producirse algún incumplimiento de las normas especiales en materia de publicidad, se entenderá que se ha producido una infracción, a los efectos previstos en el TrLGDCU y en la Ley General de Publicidad —artículo 5.6 de esta norma—. Además, se entenderá que e ha incurrido en competencia desleal, como señala el artículo 18 de la Ley de Competencia Desleal.

> Redacción del artículo 18 de la Ley de Competencia Desleal: «La publicidad considerada ilícita por la Ley General de Publicidad, se reputará desleal».

5. El jurado de la publicidad de autocontrol y acciones disponibles contra la publicidad ilícita

Autocontrol es una asociación carente de ánimo de lucro, que se encuentra compuesta por los principales anunciantes, agencias de publicidad, medios de comunicación y asociaciones publicitarias que ejercen su actividad en nuestro país.

Dispone de tres instrumentos esenciales, como son su propio código de conducta, un gabinete técnico y un órgano independiente, el denominado jurado de la publicidad de autocontrol.

Este jurado de la publicidad es un órgano con carácter independiente, como se ha señalado, que realiza sus actuaciones con plena autonomía.

Las principales funciones del mismo consisten en formular los anteproyectos de los códigos éticos y otras normas de conducta en materia de comunicación comercial que se presenten a la junta directiva de esta asociación.

Igualmente, también tiene como competencias la resolución de las distintas reclamaciones presentadas en relación con las comunicaciones comerciales que sean realizadas, o difundidas, por sus asociados, o incluso por terceros que no se encuentren asociados, pero que de manera expresa o tácita acepten la competencia de la asociación, en lo referente a presuntas infracciones de los códigos y normas éticas de la asociación.

En este sentido, por tanto, nos encontramos ante una instancia de resolución extrajudicial de controversias en el mundo publicitario, que realiza una tarea de carácter institucional y especializado en el ámbito publicitario y de la comunicación comercial.

Respecto a las acciones posibles frente a la producción de publicidad de carácter ilícito, estas son las recogidas, con carácter general, para la competencia desleal, en la propia Ley de Competencia Desleal.

Además, respecto a la publicidad ilícita por la utilización de modo discriminatorio o vejatorio de la imagen de la mujer, se encuentran legitimados para el ejercicio de las acciones previstas en el artículo 32.1, primera a cuarta de la Ley de Competencia Desleal, la Delegación del Gobierno para la Violencia de Género, el Instituto de la Mujer (o su equivalente autonómico en cada una de las Comunidades Autónomas de nuestro país), las asociaciones que se encuentren legalmente constituidas en el momento en cuestión y cuyo objetivo único radique en la defensa de los intereses de la mujer —y no incluyan entre sus diversos asociados a personas jurídicas que tengan ánimo de lucro—, y el Ministerio Fiscal.

> Redacción del artículo 32 de la Ley de Competencia Desleal: «1. Contra los actos de competencia desleal, incluida la publicidad ilícita, podrán ejercitarse las siguientes acciones:
>
> 1.ª Acción declarativa de deslealtad.
>
> 2.ª Acción de cesación de la conducta desleal o de prohibición de su reiteración futura. Asimismo, podrá ejercerse la acción de prohibición, si la conducta todavía no se ha puesto en práctica.
>
> 3.ª Acción de remoción de los efectos producidos por la conducta desleal.
>
> 4.ª Acción de rectificación de las informaciones engañosas, incorrectas o falsas.
>
> 5.ª Acción de resarcimiento de los daños y perjuicios ocasionados por la conducta desleal, si ha intervenido dolo o culpa del agente.
>
> 6.ª Acción de enriquecimiento injusto, que sólo procederá cuando la conducta desleal lesione una posición jurídica amparada por un derecho de exclusiva u otra de análogo contenido económico.

> 2. En las sentencias estimatorias de las acciones previstas en el apartado anterior, números 1.ª a 4.ª, el tribunal, si lo estima procedente, y con cargo al demandado, podrá acordar la publicación total o parcial de la sentencia o, cuando los efectos de la infracción puedan mantenerse a lo largo del tiempo, una declaración rectificadora.
>
> Además, esta publicidad podrá realizarse a criterio del tribunal y previa remisión al efecto, a través de la Autoridad para la Igualdad de Trato y la No Discriminación y los observatorios o de los órganos competentes del departamento u organismo con competencias en materia de igualdad entre mujeres y hombres de ámbito nacional o su equivalente en el ámbito autonómico».

La competencia de todos estos organismos viene recogida en el artículo 6 de la Ley de Competencia Desleal.

> Redacción del artículo 6 de la Ley de Competencia Desleal: «Se considera desleal todo comportamiento que resulte idóneo para crear confusión con la actividad, las prestaciones o el establecimiento ajenos.
>
> El riesgo de asociación por parte de los consumidores respecto de la procedencia de la prestación es suficiente para fundamentar la deslealtad de una práctica».

La publicidad goza de gran importancia en varios sectores, influenciando, afectando o, directamente, convenciendo a los consumidores para la adquisición de un producto concreto. Curiosamente, los bienes que suponen un mayor gasto a las familias o las personas que lo adquieren de manera individual, como son las viviendas, apenas tienen cobertura publicitaria, más allá de alguna promoción concreta, a nivel local, cuando están en período de venta. Por tanto, nos centraremos, como estudio de caso, en el segundo bien que mayores costes supone a las personas; los automóviles.

6. Estudio de caso: la publicidad en el sector automovilístico

La publicidad se encuentra en todos los sectores, afectando por igual a todos los consumidores, ya sean personas interesadas en la adquisición del producto anunciado, o no. Indistintamente del interés que nos suscite un producto, recibimos el mensaje publicitario, que no obstante, no puede ser por completo libre por parte de los anunciantes.

Para controlar, en la medida de lo posible, abusos del emisor de la publicidad, existen una serie de normas que regulan lo que puede contarse y cómo debe hacerse en la publicidad. En esencia, se busca que la información transmitida resulte lo más verídica posible y no induzca a engaños, aceptándose un nivel de inverosimilitud mayor en función de quiénes sean los potenciales receptores de la misma y futuros compradores. Así, en la actualidad, se permite que anunciantes como Red Bull indiquen que el consumo de su producto dota de alas, cuando claramente es algo por completo imposible y alejado de toda lógica, pero se entiende que nadie creerá dicha exageración y que, por tanto, no induce a error[29]. Sin embargo, dicha permisividad se reduce notablemente si los productos están dirigidos a los menores, incluyéndose en tales casos una serie de cuestiones de obligado cumplimiento, entendiendo la mayor inocencia de los potenciales usuarios de los productos. En este sentido, por ejemplo, resulta obligatorio desde hace unos años que en España la publicidad de juguetes incluya representantes de ambos géneros en el uso de los mismos, para no influir en la toma de decisiones de los menores, así como la necesidad de mostrar una mano cuando se esté jugando con cualquier

29 No obstante, existió una controversia jurídica en Canadá respecto a esta cuestión, por la cual se demandó a la compañía Red Bull. Si bien los tribunales fallaron a favor de los demandantes, la indemnización que percibieron cada uno de ellos no resultó importante, pero sí suficiente para que la compañía modificase su eslogan, incluyendo varias veces la letra *a* en la palabra *alas*.

producto, para que los menores no crean que se mueven de manera autónoma si no pueden realizar tal función.

Si bien el público destinatario de los anuncios publicitarios automovilísticos es siempre mayor de edad, por motivos obvios, también existen una serie de cuestiones de obligado cumplimiento por parte de la normativa en materia de publicidad; exigencias que han ido variando conforme han pasado los años, en función de los problemas detectados en años anteriores y los valores de la sociedad. En este trabajo se realizará un breve recorrido por la publicidad del sector, analizando la normativa y señalando algunos anuncios que resultaron problemáticos por distintas razones.

La publicidad comercial es una declaración pública elaborada, principalmente, con el fin último de promover la contratación, tanto si tiene valor informativo, como si es una invitación o reclamo, pues tiende a la celebración de varios contratos. En este sentido, sus receptores serán una pluralidad indeterminada de personas, ya sean consumidores o empresarios, mientras que, normalmente, el emisor de los mismos será un empresario.

Por publicidad, por tanto, se entiende cualquier forma de comunicación que ha sido realizada por una persona física o jurídica, ya sea pública o privada, en el desarrollo de una actividad comercial, industrial, artesanal o profesional, con la finalidad de promover, de una manera directa o indirecta, la contratación de bienes, servicios, derechos u obligaciones.

Se entiende que destinatarios de la publicidad serán aquellas personas a las cuales se dirija el mensaje publicitario —tanto si terminan recibiéndolo o no—, o aquellas a las que dicho mensaje alcance, según indica el artículo segundo de la Ley General de Publicidad. No puede, por tanto, controlarse realmente quiénes serán o no los receptores finales de la misma o, cuanto menos, quiénes terminarán viéndola. Por ello existen diversas prohibiciones respecto a la publicitación de ciertos productos en, por ejemplo, la televisión, en horarios que se entienden adecuados para que los menores de edad estén viéndola.

6.1. La importancia jurídica de la información precontractual

La adquisición de un automóvil, por su montante económico y por producirse en muy pocas ocasiones por parte de cada persona, constituye una de las compras más importantes durante la vida, únicamente superada, en la mayoría de ocasiones, por la adquisición de una vivienda[30]. En ocasiones, se produce la adquisición del vehículo directamente en el concesionario, pudiendo probar una unidad idéntica a la que adquiriremos. Si se opta por la compra de un automóvil usado, incluso podrá probarse la misma unidad que adquiriremos, ya sea a un concesionario, o vía particular. Nos interesa, especialmente, el caso de la compra de un automóvil, sea mediante compra presencial o a distancia —en la actualidad, no resulta extraña la adquisición de un automóvil directamente vía internet, como están planteando numerosas compañías—, produciéndose en esta ocasión una compraventa a distancia, que genera distintos derechos, deberes y obligaciones a las contrapartes.

En la actualidad está replanteándose todo en el sector automovilístico. No resulta extraño que las compañías intenten fomentar la compra de sus modelos por internet, con el consiguiente ahorro de concesionarios que obtendrían de ser el tipo de compra mayoritaria. La adquisición por esta vía implica que no ha podido probar el vehículo en cuestión.

Además, otros tipos de negocio están haciendo su aparición en el sector automovilístico, como el *renting*, el

30 La obtención de financiación e información, no obstante, se produce por vías distintas. Mientras que en el caso de un automóvil existen múltiples medios especializados que informan sobre las principales características del vehículo, y se recibe con la mayoría de modelos publicidad, siendo su compra financiada mediante un crédito al consumo, en materia de viviendas la obtención de financiación se producirá mediante un préstamo con garantía hipotecaria, y la información precontractual, de carácter genérico, apenas se referirá a las calidades, ubicación, zonas comunes y espacio, sin mayores concreciones salvo si el consumidor se dirige a la empresa constructora o vendedora.

leasing, el *carsharing* o la compra mediante suscripción. Así, los modelos de la firma Lynk&Co., pertenecientes al Grupo Geely —propietario de firmas de automóviles muy conocidas en Europa, como Volvo—, únicamente pueden utilizarse por esta última fórmula, de modo que realmente en ningún momento se adquieren, pues no se obtiene la propiedad sobre el vehículo. Hace unos años, la pionera en este sentido —curiosamente, con automóviles eléctricos, tan actuales— fue General Motors, que comercializó mediante la fórmula de suscripción un modelo específico, el EV1, que no consiguió los resultados comerciales esperados.

Al objeto de perfeccionar un contrato, tal como dispone el artículo 1262 del Código Civil, las declaraciones de voluntad principales son la oferta contractual y su aceptación. Una declaración enviada al público podrá ser considerada como oferta contractual cuando contenga los elementos esenciales del contrato, como son el precio del bien o servicio, y refleje la intención contractual de su emisor, interpretada de forma objetiva.

> Redacción del artículo 1262 del Código Civil: «El consentimiento se manifiesta por el concurso de la oferta y de la aceptación sobre la cosa y la causa que han de constituir el contrato.
>
> Hallándose en lugares distintos el que hizo la oferta y el que la aceptó, hay consentimiento desde que el oferente conoce la aceptación o desde que, habiéndosela remitido el aceptante, no pueda ignorarla sin faltar a la buena fe. El contrato, en tal caso, se presume celebrado en el lugar en que se hizo la oferta.
>
> En los contratos celebrados mediante dispositivos automáticos hay consentimiento desde que se manifiesta la aceptación».

El ordenamiento jurídico español reconoce el valor de las ofertas al público como verdaderas ofertas contractuales, siempre y cuando cumplan los requisitos que les son propios. Ello con independencia del medio de comunicación por el que se emita, ya sea por correspondencia, televisión, radio, o haciendo uso de los medios de comunicación electrónicos[31].

Por el contrario, en caso de que no concurran en la declaración los requisitos citados, o la misma incluya en su contenido una reserva llevada a cabo por el emisor, la publicidad constituirá una invitación a negociar o a hacer ofertas. En este último caso, la pretensión del emisor de las declaraciones publicitarias no es otra que la perfección de contratos individualizados, toda vez que los receptores indeterminados de la publicidad se pongan en contacto con él al objeto de contratar. De este modo, los receptores indeterminados pasarán a ser determinados desde el momento en que se personen.

La principal consecuencia de la calificación de la publicidad en uno u otro sentido radica en que únicamente cuando la publicidad constituya una oferta, en sentido estricto, su concurrencia con la aceptación, emitida por cualquiera de sus destinatarios, podrá perfeccionar el contrato. Por el contrario, si la declaración enviada al público tiene naturaleza de invitación solo cabrá, en su caso, que se inicien negociaciones entre el emisor de la declaración y su receptor.

Por lo expuesto, la calificación de la publicidad tiene relevancia, en fase de formación del contrato, al objeto de saber si puede ser exigida o no su perfección. Sin embargo, toda vez que el contrato se haya celebrado, lo relevante en la fase de ejecución es determinar si el contenido de la publicidad puede ser exigido, en su totalidad o en parte, o no.

A fin de conocer cuál es la eficacia jurídico vinculante de la publicidad en el ámbito automovilístico —y de manera general, en el de otros tipos de compraventas, en

---

31 El ordenamiento jurídico español utiliza en varias ocasiones la expresión *«análoga naturaleza»* para referirse a listados de características abiertas, lo que permite adaptarse con mayor facilidad a los nuevos medios o métodos existentes. Encontramos, así, varios ejemplos de esta cuestión, como el artículo 1800 CC, referido a los juegos y apuestas.

las que un particular adquirirá el bien a un profesional, que actuará como empresario—, resulta preciso remitirse tanto a las disposiciones del Texto Refundido de la Ley General de Defensa de Consumidores y usuarios, como a la legislación especial. Estas normas incorporan disposiciones específicas en relación con la formación del contrato que afectan a la eficacia vinculante de las declaraciones públicas (oferta, promoción, publicidad) para su emisor.

A estos efectos, las declaraciones publicitarias que se tienen en consideración, a la hora de valorar su incorporación en la esfera contractual, son todas aquellas que poseen un contenido informativo preciso y detallado, de manera que puedan determinar, al menos en parte, el consentimiento del otro contratante. En consecuencia, no servirá cualquier tipo de publicidad.

Así pues, las declaraciones publicitarias integran la oferta contractual, pero no perfeccionan por sí mismas el contrato. La publicidad es susceptible de generar confianza en sus receptores, por lo que debe vincular a sus emisores con independencia de que exista dolo o negligencia por su parte. Las declaraciones publicitarias contienen información relevante que ha podido servir a la formación de la voluntad de los compradores y, sin embargo, no se ha tenido presente en el contrato y la entrega del bien final. Además, el contenido de la publicidad puede ser exigido existan o no lagunas en el contrato. Con todo, la posibilidad de integración del contrato más allá de la existencia de lagunas contractuales no excluye admitir que, atendiendo a las circunstancias del caso, se reconozcan límites a la integración de los contratos. Ello siempre y cuando el emisor de las declaraciones pueda probar el consentimiento del consumidor, previamente informado, o la existencia de abusos por parte de estos últimos. En este sentido, parece razonable acudir a los principios de Derecho común como límite a los derechos subjetivos de las partes a fin de hacer valer la autonomía de la voluntad de los contratantes.

A estos efectos, si bien es cierto que el carácter imperativo reconocido a disposiciones normativas, como el artículo 61 del Texto refundido para la Ley General de Defensa de los Consumidores y Usuarios, supone que los contratantes no pueden suprimir los derechos reconocidos a los consumidores, la imperatividad de la norma no prohíbe la validez de los pactos y negociaciones que hayan podido llevar a cabo las partes. Esto se produce siempre que exista el debido consentimiento informado y no quede limitada la voluntad ni defraudada la confianza del consumidor.

> Redacción del artículo 61 del Testo refundido para la Ley General de Defensa de los Consumidores y Usuarios: «1. La oferta, promoción y publicidad de los bienes o servicios se ajustarán a su naturaleza, características, utilidad o finalidad y a las condiciones jurídicas o económicas de la contratación.
>
> 2. El contenido de la oferta, promoción o publicidad, las prestaciones propias de cada bien o servicio, las condiciones jurídicas o económicas y garantías ofrecidas serán exigibles por los consumidores y usuarios, aún cuando no figuren expresamente en el contrato celebrado o en el documento o comprobante recibido y deberán tenerse en cuenta en la determinación del principio de conformidad con el contrato.
>
> 3. No obstante lo dispuesto en el apartado anterior, si el contrato celebrado contuviese cláusulas más beneficiosas, estas prevalecerán sobre el contenido de la oferta, promoción o publicidad».

El incumplimiento del contenido de las declaraciones por parte de su emisor permite, de acuerdo con las reglas generales del Derecho de obligaciones y contratos, exigir el cumplimiento *in natura* de la prestación y, en caso de no ser posible, su equivalente pecuniario. De igual modo, es posible solicitar, cuando concurran los presupuestos exigidos en cada caso, la nulidad o anulabilidad del contrato por vicios del consentimiento, o la resolución del contrato si el incumplimiento presenta entidad suficiente. Ello dado que puede que el consumidor prefiera desligarse del contrato si puede probar la existencia de error o dolo por culpa del empresario contratante, en vez de solicitar el cumplimiento del contrato. Todo lo anterior, sin perjuicio del ejercicio de la acción de indemnización por los daños y perjuicios que se hayan producido.

Supuestos específicos de publicidad ilícita

Se considera ilícita la publicidad cuando, en primer lugar, atente contra la dignidad de la persona, o vulnere los distintos valores y derechos reconocidos en la Constitución Española, especialmente los recogidos en los artículos 14, 18 y 20.4. Entendemos incluidos en esta previsión de ilicitud los distintos anuncios que presenten a las mujeres de forma vejatoria o discriminatoria, bien utilizando particular y directamente su cuerpo como un mero objeto u ofreciendo una imagen que incida en cualquier estereotipo.

> Redacción del artículo 14 de la Constitución Española: «Los españoles son iguales ante la ley, sin que pueda prevalecer discriminación alguna por razón de nacimiento, raza, sexo, religión, opinión o cualquier otra condición o circunstancia personal o social».
>
> Redacción del artículo 18 de la Constitución Española: «1. Se garantiza el derecho al honor, a la intimidad personal y familiar y a la propia imagen.
>
> 2. El domicilio es inviolable. Ninguna entrada o registro podrá hacerse en él sin consentimiento del titular o resolución judicial, salvo en caso de flagrante delito.
>
> 3. Se garantiza el secreto de las comunicaciones y, en especial, de las postales, telegráficas y telefónicas, salvo resolución judicial.
>
> 4. La ley limitará el uso de la informática para garantizar el honor y la intimidad personal y familiar de los ciudadanos y el pleno ejercicio de sus derechos».

> Redacción del artículo 20 de la Constitución Española: «1. Se reconocen y protegen los derechos:
>
> a) A expresar y difundir libremente los pensamientos, ideas y opiniones mediante la palabra, el escrito o cualquier otro medio de reproducción.
>
> b) A la producción y creación literaria, artística, científica y técnica.
>
> c) A la libertad de cátedra.
>
> d) A comunicar o recibir libremente información veraz por cualquier medio de difusión. La ley regulará el derecho a la cláusula de conciencia y al secreto profesional en el ejercicio de estas libertades.
>
> 2. El ejercicio de estos derechos no puede restringirse mediante ningún tipo de censura previa.
>
> 3. La ley regulará la organización y el control parlamentario de los medios de comunicación social dependientes del Estado o de cualquier ente público y garantizará el acceso a dichos medios de los grupos sociales y políticos significativos, respetando el pluralismo de la sociedad y de las diversas lenguas de España.
>
> 4. Estas libertades tienen su límite en el respeto a los derechos reconocidos en este Título, en los preceptos de las leyes que lo desarrollen y, especialmente, en el derecho al honor, a la intimidad, a la propia imagen y a la protección de la juventud y de la infancia.
>
> 5. Sólo podrá acordarse el secuestro de publicaciones, grabaciones y otros medios de información en virtud de resolución judicial».

No resultaría posible, por ejemplo, que alguna compañía automovilística estableciese o difundiera algún tipo de información, en su publicidad, que atentase contra alguna característica personal de sus competidores. Así, aludir a la nacionalidad de los propietarios de la compañía, de manera despectiva —no sería problemático que se hiciera ensalzándolo o destacándose como algo positivo— supondría una cuestión de imposible realización.

En su momento, no obstante, existió controversia con un anuncio publicitario emitido en televisión en Estados

Unidos, en el que una compañía automovilística no jugaba con los arquetipos de los responsables de las compañías de la competencia, sino que aludía a la imagen estereotipada del tipo de conductor que adquiere los modelos de la firma y los de su competencia. El anuncio, de la compañía Audi, mostraba distintos propietarios de automóviles de la competencia, estereotipados según la percepción de la compañía, y exagerada por el anuncio. Así, un propietario de Lexus indicaba, mientras se preparaba para jugar al golf, que le habían dicho que le modo de jubilarse era ese, dos ejecutivos se dirigían a sendos Mercedes-Benz, mientras repetían de manera robótica que el objetivo era el símbolo de estatus, o un propietario de BMW aparecía junto a su nueva mansión y una mujer de aspecto bastante artificial. Cuando un modelo de Audi pasaba al lado de cada uno de ellos, se replanteaban —bastaba un gesto o cambio de posición para transmitir el mensaje— su posición. El anuncio indicaba, cuando todos los propietarios se habían dado cuenta de lo que implicaba Audi, afirmando que la propia Audi avanzaba más rápida que Lexus, BMW y Mercedes-Benz. Como secuencia final, cabe indicarse que el anuncio empezaba con un joven, sin edad aún para conducir, admirando en su habitación un modelo de Ferrari en color rojo —no son rivales directos en el mercado ambas compañías—. Pero, terminando el anuncio, este chico veía aparecer un flamante Audi R8, el modelo más deportivo de la compañía alemana, y demostraba admiración por ese modelo.

Igualmente, se entiende ilícita toda publicidad dirigida a menores que les incite a la adquisición de un bien o servicio, explotando para ello su inexperiencia o credulidad, o aquella en la que aparezcan persuadiendo de la compra de algún producto a sus padres o tutores. Además, no se encuentra permitido, sin que exista motivo justificado, la presentación de niños en situaciones peligrosas.

Debe indicarse, también, que la publicidad no debe en ningún caso inducir a error sobre las características ofrecidas por los productos publicitados[32], ni sobre su seguridad, ni respecto a la capacidad y aptitudes necesarias en el niño para la utilización del producto en cuestión sin producir algún daño propio o para terceros. Evidentemente, en el caso que nos ocupa, dado que los menores no pueden conducir automóviles, no se podrá poner a ninguno de ellos al volante, pero tampoco en situaciones peligrosas, ya sea actuando como viandantes, o de cualquier modo.

Se entiende como ilícita la publicidad subliminal. Bajo dicha acepción, nos encontramos con aquella publicidad que, mediante técnicas de producción de estímulos de intensidades fronterizas con los umbrales de los sentidos o análogas, tienen la capacidad —o pueden tener la capacidad— de actuar sobre el público destinatario, sin que este sea consciente de haber percibido dicha información. En definitiva, no actúa sobre el consciente, sino sobre el subconsciente, de modo que los receptores del mensaje publicitario no tienen el conocimiento de haber recibido este mensaje, lo que implica que no disponen de la posibilidad de negarse a la adquisición de los productos, pues no saben por qué tienen el impulso de comprarlos[33].

---

32 No obstante, y dado que se entiende que la publicidad tiene como finalidad persuadir al público objetivo para su adquisición, resulta comprensible que algunas de las capacidades del producto no se correspondan con la realidad, sino que se permita cierta exageración, especialmente cuando resulta comprensible por el público que dicha capacidad no existe realmente. En su momento, aunque después fue retirado por ser considerado machista, resultaba buen ejemplo de esta cuestión el anuncio de la compañía de desodorantes Axe, cuyos productos hacían que los hombres que los empleaban obtuvieran automáticamente la atención femenina.
Sin embargo, en ocasiones esto no resulta tan claro, pues en Canadá se interpuso una demanda colectiva contra Red Bull, porque no da alas, según indica el eslogan -cuando es claramente algo que no puede producirse- y por una incorrecta información respecto a las consecuencias de mezclar la bebida con alcohol -esta cuestión parece más defendible desde el punto de vista de los derechos de los consumidores-. Cada consumidor canadiense podrá percibir una indemnización de diez dólares por este concepto.

33 En este sentido, se realizó una prueba, a modo experimental, hace unos años, en la proyección de una película en Estados Unidos. En la misma, se emitían imágenes subliminales para que se bebiese una bebida refrescante concreta. Se demostró que, después de la proyección, aumentó en una cifra aproximada del 20 % la venta de dicha be-

Del mismo modo, también se reputa como ilícita la publicidad que infrinja lo dispuesto en la normativa específica que regule la publicidad de determinados productos, bienes, actividades o servicios. Respecto a esta última cuestión, la Ley General de Publicidad se refiere a la publicidad de productos sanitarios y de aquellos otros que se encuentran sometidos a reglamentaciones de carácter técnico-sanitario. Igualmente, a los productos o bienes susceptibles de generar riesgo para la salud o la seguridad de las personas, así como a su patrimonio.

En este último punto quedan incluidos los juegos de azar, envite o suerte, que además han sufrido modificaciones hace poco tiempo. Incluso estos últimos meses, todavía resultaba prácticamente imposible ver algún evento deportivo en televisión —o escucharlo por la radio, o leer su crónica en los medios de comunicación— sin ver algún anuncio publicitario de casas de apuestas.

Los reglamentos que desarrollen estas previsiones concretas deberán especificar en su redacción cuestiones como la naturaleza y las características de los productos, bienes, actividades y servicios cuya publicidad resulte objeto de regulación; la forma y condiciones en las que podrá realizarse la difusión de los mensajes publicitarios; los requisitos de autorización y, además, deberán recoger los posibles riesgos derivados de un uso normal de los mismos.

No queda permitida, además, la publicidad de todo tipo de bebidas alcohólicas en los lugares en que se encuentre prohibida su venta o su consumo, así como la publicidad que se emita por televisión, cuando la graduación alcohólica de las bebidas supere los veinte grados. Esta última prohibición puede extenderse por parte del gobierno a las bebidas con una graduación inferior. Como norma general, tanto la forma, como el contenido y las condiciones de la publicidad de las bebidas alcohólicas se encontrarán limitados reglamentariamente, en orden a la prevalente

bida con respecto a una proyección carente de imágenes publicitarias subliminales.

protección de la salud y la seguridad de las personas, tal y como señala el artículo 5.5 de la Ley General de Publicidad que indica, especialmente, la prohibición de emisión de anuncios de este tipo de bebidas, permitiéndolas únicamente entre la una y las cinco horas de la noche.

De hecho, el inicio de la fabricación y comercialización de las cervezas sin alcohol obedeció a estas premisas, pues su venta se encontraba muy lejos de los ideales de la industria. Pero, si los fabricantes utilizaban el mismo etiquetado y envase, añadiéndolo únicamente al hecho de tratarse de una cerveza sin alcohol, podían mostrar en los anuncios su imagen, marca y producto, simplemente con ese añadido final. En el mismo sentido, cuando se prohibió en eventos deportivos, como el Campeonato Mundial de Fórmula 1, la publicidad de compañías tabacaleras, en muchas ocasiones mantuvieron los colores y alguna simbología similar al logotipo de las firmas, de modo que, incluso sin especificar de qué compañía se trataba, los consumidores fueran conscientes de ello[34].

La publicidad en el automóvil

En los inicios del automóvil, la publicidad consistía en diversos folletos o anuncios en los periódicos, en los que se indicaban las bondades del vehículo, bien simplemente del propio, bien respecto a la competencia. En los casos más extremos, constituían toda una declaración de intenciones, como el publicado por la compañía Ford en pleno caso contra la patente Selden, en el que aseguraban soporte económico a los compradores de sus productos ante alguna posible demanda por parte del segundo. Eran anuncios elaborados, en los que intentaban destacarse las cualidades y diferencias del producto no solo frente a la competencia.

34 A lo largo de la historia de la competición, han existido muchas compañías de tabaco o alcohol con publicidades míticas en algunos automóviles, como Marlboro con McLaren en el Campeonato Mundial de Fórmula 1, Martini con la compañía Lancia o Porsche en diversas especialidades automovilísticas, o incluso el Camel Trophy, asociado siempre a la compañía Land Rover.

Como ocurría con el Octoauto, que disponía, como su nombre indica, de ocho ruedas. En el extenso enunciado de la publicidad de la compañía, una de las cuestiones destacadas era la teoría de la producción de un menor desgaste en cada una de las ruedas por disponer de más de ellas. La vida comercial del modelo, no obstante, fue bastante reducida, limitándose al año 1911.

Se destacan sus cualidades, además, también respecto a otros medios de transporte, como podían ser los caballos, que mucha gente prefería en los primeros años de los automóviles. Precisamente, esta fue la temática empleada por el primer anuncio de automóviles, de la compañía Winton Motor Carriage, en 1898.

Concretamente, se publicó en el periódico *Scientific America*, y en el mismo se instaba a los consumidores a prescindir de sus caballos y optar por el automóvil de la compañía, pues no desprendía olores como los equinos, no resultaba tan caro en su mantenimiento y tenía la capacidad de circular a una velocidad de veinte millas por hora de manera constante, lo que quedaba muy lejos del alcance de ningún caballo.

Como indicó años más tarde Henry Ford, si hubiera preguntado a la gente cómo mejorar los transportes y los viajes, le habrían pedido caballos más rápidos; algo que, evidentemente, resultaba imposible en orden a la propia fisiología de los equinos. En el mismo año, Montgomery Ward disponía de dos carruajes eléctricos que no precisaban de caballos, realizados por encargo y cuya misión era meramente publicitaria.

Otra de las cuestiones destacadas era, por supuesto, la velocidad, cuestión a la que no puede aludirse en la actualidad, por considerarse que fomenta la conducción irresponsable y pone en peligro a los ciudadanos. En aquella época, no existía regulación al respecto, siendo completamente libre la actuación en materia de publicidad.

Un gran número de anuncios de automóviles se han referido a la velocidad como principal cualidad a destacar en la venta del vehículo. A modo meramente ejemplificativo, puede indicarse el anuncio de Biddle, del año 1918, en el que, además, se veía un niño mirando el automóvil, con evidentes ganas de conducirlo. El anuncio indicaba que el vehículo proporcionaba la emoción de la velocidad, con un control perfecto por parte de quien conducía un modelo de Biddle, poniéndose además en valor la existencia de un motor de Duesenberg, así como la seguridad y el confort del vehículo.

En materia publicitaria, varias han sido o son las normas que han afectado en las últimas décadas al automóvil, cuya industria invierte grandes cantidades económicas en dar a conocer sus productos, ya desde sus inicios.

Centrándonos en la legislación española, una de las normas que pueden destacarse es la Ley 61/1964, de 11 de junio, por la que se aprobó el Estatuto de Publicidad. Esta norma, derogada en 1988, recogía de modo muy sucinto la normativa relativa a publicidad, centrándose más en los aspectos relacionados con el propio contrato de creación publicitario, que respecto a los derechos de los consumidores en lo concerniente a algún tipo de información inadecuada o datos inexactos —como corresponde a un Estatuto—. Durante la vigencia de dicha normativa, no obstante, la regulación respecto a publicidad resultaba mucho menos restrictiva que en la actualidad, pues hoy día encontramos numerosas prácticas, respecto a automóviles, que no pueden emplearse en la publicidad y que resultaban habituales en décadas pasadas. Podemos referirnos, especialmente, a cuestiones como la velocidad y potencia de un automóvil, pero también a prácticas relacionadas con la seguridad o la conducción, que no era algo en lo que se realizase especial énfasis en aquellos tiempos.

Centrándonos en España, pueden encontrarse varios ejemplos de anuncios que se considerarían peligrosos en la actualidad y no podrían publicarse. A modo ejemplificativo, puede referenciarse un anuncio de SEAT, concretamente del modelo 850 Especial. En el mismo, se observa la parte trasera del vehículo, finalizando el adelantamiento a un camión en una carretera secundaria. Además, el modelo se encuentra completamente ocupado, y encima del techo se ha dispuesto una gran cantidad de carga, fijada con una malla. El anuncio anima a acelerar y correr con el vehículo, pues dice «*cárguelo hasta los topes, póngalo a más de 140 y sabrá por qué lo llamamos Especial*». Como información secundaria, añadía «*con toda la familia, lleno de equipaje, en carretera o en ciudad, pídale que suba, adelante o alcance más de 140 por hora. No hay problema. (...). Compruébelo. Y no le importe pisarle a fondo, lleva frenos de disco*». Desde la perspectiva actual, se incumplen varios parámetros en lo referente a lo permitido, pues no se respeta la velocidad máxima de las vías, no se recoge el equipaje de manera responsable, se anima a una conducción despreocupada y demasiado rápida, e incluso podría alegarse que se pone en peligro con estas prácticas a los ocupantes del vehículo y al resto de conductores.

La misma línea publicitaria seguía una de las compañías de la competencia, Simca. Con la renovación de su modelo 1000, dado que las modificaciones estéticas se centraban en la parrilla, para poner en valor todos los cambios introducidos, la firma lo anunciaba dirigiéndose al consumidor destacándole que «*si usted cree que sólo le hemos cambiado la parrilla y los faros, písele a fondo*», indicándose, además, como primera característica modificada, que la aceleración de cero a cien kilómetros por hora se realizaba en un tiempo inferior a la versión anterior. Otro de los anuncios de este mismo modelo tenía como lema principal «*seguro que le gusta correr. Ahora corra seguro*», y continuaba en el texto indicando, en el primer párrafo, que «*Simca siempre ha sido un coche para los jóvenes de corazón. Ahora, gracias a las técnicas de seguridad Chrysler, el nuevo 1000 es también un coche para suegras*».

Pero la evolución social ha demandado otro tipo distinto de información, unida a las nuevas normativas promulgadas, que han impedido realizar énfasis en algunas características de los automóviles, impidiendo un alegato en favor de la velocidad o las prácticas irresponsables en la conducción. Por ejemplo, cuando se emite un anuncio en el que se destacan las cualidades dinámicas de un automóvil, se indica siempre, en letra pequeña en la pantalla, que ha sido rodado por especialistas en un circuito cerrado, y que no debe practicarse ese tipo de conducción, por la peligrosidad inherente a la realización de dichas prácticas.

Una de las cuestiones más controvertidas es la publicidad comparativa. En nuestro país, no está expresamente prohibida, pero cuando se produce debe aludirse a características que sean objetivas y verídicas, así como relevantes para el producto que está anunciándose. En el mismo sentido, deberán realizarse, de producirse, comparaciones entre productos semejantes, de manera que no resultará posible una comparación entre la versión más equipada de un modelo concreto, y la más básica del automóvil de la compañía rival. No obstante, no resulta habitual encontrar en nuestro país publicidad de este tipo, aunque pueden referenciarse anuncios de productos distintos al automóvil, como los de la compañía Fairy.

Como publicidad comparativa, no obstante, nos referimos, siguiendo la definición de la normativa, a *«toda publicidad que alude explícitamente o implícitamente a un competidor o a los bienes o servicios ofrecidos por un competidor».* Encontramos dicha definición en la normativa que se refiere a dicha publicidad en Europa —y por tanto, como ya sabemos, aplicable a España—, la Directiva 2006/114/CE del Parlamento Europeo y del Consejo, de 12 de diciembre de 2006, sobre publicidad engañosa y publicidad comparativa. En este aspecto, el artículo cuarto de la Directiva indica cuándo se encuentra permitida la misma, en aras de la protección de los consumidores y los competidores.

> Redacción del artículo 4 de la Directiva 2006/114/CE: «La publicidad comparativa, en lo que se refiere a la comparación, estará permitida cuando cumpla las siguientes condiciones:
>
> a) que no sea engañosa con arreglo a lo dispuesto en el artículo 2, apartado b, el artículo 3 y el artí-

culo 8, apartado 1, de la presente Directiva y en los artículos 6 y 7 de la Directiva 2005/29/CE del Parlamento Europeo y del Consejo, de 11 de mayo de 2005, relativa a las prácticas comerciales desleales de las empresas en sus relaciones con los consumidores en el mercado interior (Directiva sobre las prácticas comerciales desleales) (1);

b) que compare bienes o servicios que satisfagan las mismas necesidades o tengan la misma finalidad;

c) que compare de modo objetivo una o más características esenciales, pertinentes, verificables y representativas de dichos bienes y servicios, entre las que podrá incluirse el precio;

d) que no desacredite ni denigre las marcas, nombres comerciales, otros signos distintivos, bienes, servicios, actividades o circunstancias de algún competidor;

e) que se refiera en cada caso, en productos con denominación de origen, a productos con la misma denominación;

f) que no obtenga indebidamente ventaja de la reputación de una marca, nombre comercial u otro signo distintivo de algún competidor o de las denominaciones de origen de productos competidores;

g) que no presente un bien o un servicio como imitación o réplica de un bien o un servicio con una marca o un nombre comercial protegidos;

h) que no dé lugar a confusión entre los comerciantes, entre el anunciante y un competidor o entre las marcas, los nombres comerciales, otros signos distintivos o los bienes o servicios del anunciante y los de algún competidor».

En cambio, en Estados Unidos sí resulta bastante habitual este tipo de publicidad, pues su marco jurídico permite mucha más libertad a la imaginación de los comerciales. Hace apenas unos años, resultó muy polémico una comparativa realizada por dos automóviles todo terreno, en la que se establecía una comparación, respecto a capacidad de arrastre de sus vehículos. La compañía que realizó el anuncio se postulaba como clara vencedora, pero en ningún momento se pudo verificar que las características de los modelos probados eran las más semejantes posible.

No únicamente en Estados Unidos puede encontrarse este tipo de publicidad. Como ejemplo, puede citarse un anuncio de FIAT, concretamente de su modelo 125, publicado en 1976 en Argentina. En el mismo, se indicaba una comparativa entre el «*FIAT 125 o un auto convencional. Usted decide quien gana*». Pero, evidentemente, la opinión del lector no podía ser neutral, dado que se ofrecía una tablilla informativa, en la que se aludía a distintos componentes de equipamiento, que el modelo de FIAT siempre incorporaba, y sus rivales no, así como otras características, tales como la relación peso-potencia y la pérdida de valor del vehículo durante el primer año, en porcentaje. El problema era que se desconocía cuáles eran los modelos y versiones empleados en la comparativa, pues en el cuadro aparecían identificados meramente como competidores, otorgándoles una letra alfabética a cada uno de ellos, de modo que no podía comprobarse que la información fuera veraz, ni que los modelos dispusieran de un equipamiento lo más análogo posible.

También han resultado habituales, dentro de esta publicidad comparativa, distintas campañas en las que se aludía directamente a algún fabricante de la competencia, con mayor o menor rango subjetivo —refiriéndonos a Estados Unidos—. Así, resultó muy conocido el caso producido en Santa Mónica, entre las compañías BMW y Audi, dos grandes rivales del sector. En esta ocasión, con una campaña que se desarrolló por completo en vallas publicitarias estáticas, la compañía Audi comenzó con su anuncio, mostrando la nueva versión del Audi A4, con un lema en el que se indicaba, como texto principal, que BMW hiciera su movimiento. La compañía bávara respondió, en la misma avenida, con una valla que mostraba su Serie 3, indicando que ese movimiento se correspondía con un jaque mate.

Evidentemente, después se produjo la respuesta de Audi, mostrando su modelo más deportivo y caro, el R8, con un texto que indicaba que indicaba que el peón —en alusión a BMW— no era suficiente para derrotar a su rey. La respuesta de BMW fue colocar una valla publicitaria en un pequeño globo, atado próximo a la de Audi, en la que mostraba su modelo de Fórmula 1, indicando un claro *game over*. Todavía se produjo, un tiempo después, la respuesta de Audi, con una valla que mostraba una imagen frontal del R8, en la que podía leerse «*hora de revisar su insignia de lujo. Podría haber expirado*». Esta alusión tenía una lectura que puede no parece evidente con la información facilitada hasta ahora, pero que resultaba muy sencilla. El primer anuncio de Audi, para el lanzamiento comercial de la nueva generación del A4, se produjo en el año 2009. Durante las respuestas de las dos empresas, pasaron unos meses, y en ellos, algunas cuestiones cambiaron radicalmente. En especial, la vinculación de BMW con el Campeonato Mundial de Fórmula 1, pues en julio del año 2009 se conoció la decisión de abandonar dicha competición por parte de la compañía alemana[35]. El mensaje de Audi iba destinado, precisamente, a esta cuestión[36].

No resulta el único ejemplo de publicidad comparativa —ya hemos reseñado uno anteriormente—, si bien los intervinientes suelen ser prácticamente siempre las mismas empresas.

En otro anuncio, también de Audi, la firma mostraba al actor Jason Statham en distintas décadas, huyendo de la policía en todos los casos. Inicialmente en un

35 La compañía, que compitió en su última etapa en el Campeonato Mundial de Fórmula 1 hasta la actualidad con la denominación de equipo de BMW Sauber F1 Team, disputó su última prueba en el certamen en el Gran Premio de Abu Dabi de 2009. El vehículo, además, no resultó competitivo.

36 Audi, por su parte, no ha intervenido nunca en el Campeonato Mundial de Fórmula 1, si bien ha tenido presencias destacadas en otros ámbitos de la competición automovilística, como las 24 Horas de Le Mans, especialmente. Pero, como la historia siempre resulta cambiante, para el año 2026 la empresa alemana ha mostrado su intención de formar parte del Campeonato Mundial de Fórmula 1, como propietaria de un equipo propio, adquiriendo, precisamente, el equipo Sauber.

Mercedes-Benz, cuya escasa maniobrabilidad implicaba que chocase con un contendor y terminase huyendo a pie. Después, con un BMW, que parecía servirle para escapar, pero resultaba muy difícil de controlar y saltaba del mismo para evitar un accidente. Más adelante, iba a robar un Lexus para huir, pero miraba a cámara desesperado. En la época en la que se rodó el anuncio, finalmente optando por un Audi, logrando así realizar difíciles maniobras y escapar de la policía. Tenemos una segunda lectura aquí, ya que por aquellos años, el actor estaba con los rodajes de las películas *Transporter*. En la primera, llevaba un BMW Serie 7, pero en las dos siguientes entregas fue el A8 de Audi el modelo elegido. La utilización de automóviles en películas, previo pago por las compañías de coches, ha sido muy habitual en las últimas décadas.

Además de esto, en el año 2006, Audi y BMW también se enzarzaron en una cuestión semejante, en esta ocasión en anuncios en la prensa escrita. En ella, BMW felicitaba a Audi por haberse proclamado vencedor en el galardón del Coche del Año de 2006 en Sudáfrica. El anuncio mostraba el frontal de un modelo de BMW, y podía, además de la felicitación, leerse que provenía de parte del vencedor en el certamen de Coche del Año de 2006 en el mundo. Pero Audi respondió, dándoles la enhorabuena, para recordar a continuación que la felicitación provenía del seis veces consecutivas vencedor en Le Mans —con esta cronología, podrá comprenderse mejor la acción y reacción del supuesto anteriormente comentado—.

En esta secuencia, no obstante, terminó participando un nuevo contendiente, como fue Subaru. En el anuncio, daba la enhorabuena a ambos fabricantes por la obtención de los premios *de belleza* de sus automóviles, indicándoles que era él quien había sido acreedor del galardón a mejor motor internacional del año 2006.

Otras campañas publicitarias originales también podrían citarse en materia de comparativa o alusión directa a los rivales, como las protagonizadas por el Citroën 2CV, o algunas realizadas por BMW —habitual de este tipo de publicidad— o Jaguar[37].

La publicidad del Citroën 2CV, más que comparativa, era sarcástica, destacando incluso algunos de los problemas del propio modelo, o de las quejas habituales de algunos compradores o expertos, tomándolas con sentido del humor —era un coche de corte básico—. En el anuncio más famoso, aparecían, vistos de perfil, cuatro modelos, siendo uno el propio 2CV, que aparecía en la parte baja. En primer lugar, podía verse un Ferrari Mondial, después, un Rolls-Royce Silver Spirit y, finalmente, un Pörsche 911. Bajo el primero, podía leerse que era más rápido que un Ferrari y, en letras más pequeñas, indicaba que circulando a setenta y una millas y media por hora —velocidad máxima del Citroën 2CV—, podía fácilmente adelantarse a un Ferrari Mondial que estuviera circulando a sesenta y cinco millas por hora. Respecto al Rolls-Royce, se indicaba que el Citroën disponía de idéntico número de ruedas que el vehículo británico, indicándose el precio de uno y otro —tremendamente dispar— pero especificando

37 La compañía inglesa, si bien menos habitual en este tipo de publicidad, también ha ofrecido anuncios de este tipo. En lo referente a imágenes fijas, una campaña jugaba con la forma de los logotipos de sus máximos rivales -Audi, BMW y Mercedes-Benz-, en los que parece devorarlos, ya que están representados como comida, y en la parte final un modelo de Jaguar que devoraba la carretera. Así, el logotipo de Audi está representado por una especie de bretzel de cuatro aros, el de BMW por un plato con cuatro compartimentos, dos de ellos de yogur blanco y otros dos de arándanos, y el de Mercedes-Benz por una pizza extrañamente cortada según el logotipo de la firma.
Fue una campaña que derivó de otra anterior, cuyo inicio fue un anuncio famoso de Mercedes-Benz, en el que explicaba su innovadora amortiguación con una gallina, moviéndola y destacando que la cabeza del ave no se movía. La respuesta de Jaguar fue un anuncio, en modo de parodia, en el que podía observarse a la gallina en la misma posición, y después siendo devoraba por un jaguar, indicándose que ellos preferían los reflejos felinos.
Como última cuestión, a este anuncio respondió Mercedes-Benz con uno fijo, en el que se veía a un automóvil de su marca conduciendo a velocidad rápida por un camino, y un jaguar al fondo. El lema indicaba que Jaguar prefería los reflejos felinos, pero que *«los reflejos felinos no son suficientemente rápidos. Freno Pre-Safe»*. Posteriormente, en redes sociales, añadieron que *«Jaguar está orgulloso de sus reflejos felinos. Intelligent Drive se asegura que los mantengan»*.

que ambos disponen de las mismas ruedas, cuatro. Finalmente, en lo referente al Pörsche 911, se indicaba que el 2CV ofrecía mayor espacio. Posteriormente, se resalta el contenido precio del Citroën, indicándose que ofrecía todo lo necesario en un automóvil.

El corte básico señalado anteriormente se reflejaba también en otra de sus publicidades, quizá incluso recuperando el espíritu del ya referido primer anuncio de un automóvil. En él, se realizaba una comparativa entre el propio 2CV y el señalado como su máximo rival..., un camello. Existió, además, otro anuncio, también en clave de humor, en el que referenciaban los nombres de sus principales rivales, indicando que el Citroën 2CV también disponía de ellos —por ejemplo, se indicaba SEAT, y se aludía después a que el modelo también disponía de cuatro de los mismos en su interior—.

En lo relativo a BMW, y únicamente a modo ejemplificativo, sin pretender realizar un listado de manera exhaustiva, puede observarse en un anuncio el modelo X5 de la firma alemana, corriendo por la sabana, persiguiendo a un modelo de Mercedes-Benz. Mientras el primero va pintado como un depredador, el segundo luce los colores de una cebra. En otra ocasión, también aludiendo a Mercedes-Benz, se puede leer el lema «*un Mercedes también puede ofrecer placer de conducción*», mientras la imagen muestra un camión de Mercedes-Benz, portando varios vehículos de BMW —la compañía BMW no produce camiones—. Como último ejemplo, existió otro anuncio en el que un automóvil de BMW estaba aparcado frente a otro de Jaguar, y podía observarse cómo el logotipo de la segunda, el jaguar que está abalanzándose sobre su presa, está girado, huyendo, en señal de miedo.

Por su parte, refiriéndonos a Jaguar, encontramos que la compañía inglesa, si bien menos habitual en este tipo de publicidad, también ha ofrecido anuncios de este tipo. En lo referente a imágenes fijas, una campaña jugaba con la forma de los logotipos de sus máximos rivales —Audi, BMW y Mercedes-Benz—, en los que parece devorarlos, ya que están representados como comida, y en la parte final un modelo de Jaguar que devoraba la carretera. Así, el logotipo de Audi está representado por una especie de bretzel de cuatro aros, el de BMW por un plato con cuatro compartimentos, dos de ellos de yogur blanco y otros dos de arándanos, y el de Mercedes-Benz por una pizza extrañamente cortada según el logotipo de la firma.

Fue una campaña que derivó de otra anterior, cuyo inicio fue un anuncio famoso de Mercedes-Benz, en el que explicaba su innovadora amortiguación con una gallina, moviéndola y destacando que la cabeza del ave no se movía. La respuesta de Jaguar fue un anuncio, en modo de parodia, en el que podía observarse a la gallina en la misma posición, y después siendo devoraba por un jaguar, indicándose que ellos preferían los reflejos felinos.

Como última cuestión, a este anuncio respondió Mercedes-Benz con uno fijo, en el que se veía a un automóvil de su marca conduciendo a velocidad rápida por un camino, y un jaguar al fondo. El lema indicaba que Jaguar prefería los reflejos felinos, pero que «*los reflejos felinos no son suficientemente rápidos. Freno Pre-Safe*». Posteriormente, en redes sociales, añadieron que «*Jaguar está orgulloso de sus reflejos felinos. Intelligent Drive se asegura que los mantengan*».

En otras ocasiones, también se han realizado anuncios publicitarios que han sido posteriormente prohibidos, al no cumplir con la normativa vigente. A este respecto, referenciaremos a continuación algunos ejemplos, incluyendo en algunas ocasiones una comparativa con anuncios antiguos similares, que pudieron en su momento publicarse sin problemas al no estar prohibidos por legislación alguna.

Como se ha reseñado, existen diversos motivos por los que puede considerarse ilícita la publicidad, cuestión recogida en el artículo tercero de la Ley General de Publicidad. Para este análisis, seguiremos el orden establecido en la propia normativa, y de ponerse en relación con los artículos de la Constitución Española a los que alude su artículo tercero, especialmente con el artículo 14 de la Constitución Española.

> Redacción del artículo 3 de la Ley General de Publicidad: «Es ilícita:
>
> a) La publicidad que atente contra la dignidad de la persona o vulnere los valores y derechos recono-

cidos en la Constitución Española, especialmente a los que se refieren sus artículos 14, 18 y 20, apartado 4. Se entenderán incluidos en la previsión anterior los anuncios que presenten a las mujeres de forma vejatoria, bien utilizando particular y directamente su cuerpo o partes del mismo como mero objeto desvinculado del producto que se pretende promocionar, bien su imagen asociada a comportamientos estereotipados que vulneren los fundamentos de nuestro ordenamiento, coadyuvando a generar las violencias a que se refieren la Ley Orgánica 1/2004, de 28 de diciembre, de Medidas de Protección Integral contra la Violencia de Género y la Ley Orgánica 10/2022, de 6 de septiembre, de garantía integral de la libertad sexual.

Asimismo, se entenderá incluida en la previsión anterior cualquier forma de publicidad que coadyuve a generar violencia o discriminación en cualquiera de sus manifestaciones sobre las personas menores de edad, o fomente estereotipos de carácter sexista, racista, estético o de carácter homofóbico o transfóbico o por razones de discapacidad, así como la que promueva la prostitución.

Igualmente, se considerará incluida en la previsión anterior la publicidad que promueva las prácticas comerciales para la gestación por sustitución.

b) La publicidad dirigida a menores que les incite a la compra de un bien o de un servicio, explotando su inexperiencia o credulidad, o en la que aparezcan persuadiendo de la compra a padres o tutores. No se podrá, sin un motivo justificado, presentar a los niños en situaciones peligrosas. No se deberá inducir a error sobre las características de los productos, ni sobre su seguridad, ni tampoco sobre la capacidad y aptitudes necesarias en el niño para utilizarlos sin producir daño para sí o a terceros.

c) La publicidad subliminal.

d) La que infrinja lo dispuesto en la normativa que regule la publicidad de determinados productos, bienes, actividades o servicios.

e) La publicidad engañosa, la publicidad desleal y la publicidad agresiva, que tendrán el carácter de actos de competencia desleal en los términos contemplados en la Ley de Competencia Desleal».

Redacción del artículo 14 de la Constitución Española: «Los españoles son iguales ante la ley, sin que pueda prevalecer discriminación alguna por razón de nacimiento, raza, sexo, religión, opinión o cualquier otra condición o circunstancia personal o social».

Las alusiones a estas cuestiones deben entenderse producidas cuando está representándose alguna de las anteriores características en sentido negativo, pues no existiría ningún problema si están poniéndose en valor. De este modo, encontraremos que resulta perfectamente posible la emisión o publicación de publicidad que, bien en un tono positivo, o meramente humorístico —respetando los límites indicados en la redacción del artículo—, aludan a algunas características de este tipo. Hace unas décadas, se convirtió en icónica la publicidad del Citroën AX en la que un niño pequeño, que representaba la imagen de Buda, mostraba felicidad ante el automóvil objeto de la publicidad y levantaba dos de sus dedos en señal de aprobación respecto al vehículo.

En materia automovilística, han destacado tradicionalmente los anuncios sexistas, resultando varios de ellos prohibidos en los últimos años, mientras que anteriormente podían publicarse o emitirse sin mayores problemas. Además, también han destacado en la última década anuncios prohibidos por poner en peligro a menores, ofrecer información engañosa al consumidor, atentar contra la imagen de la competencia o alentar la práctica de conductas peligrosas al volante o en cualquier otra actividad.

La realización de conductas sexistas, básicamente de carácter machista, ha sido un continuo durante la evolución de la publicidad de automóviles. En épocas pasadas, no resultaba problema alguno su publicación, resultando más complejo en la actualidad. Además, este tipo de publicidad puede producirse por distintas prácticas, como la burla respecto al género femenino, considerándolo menos capacitado para la conducción, o por la sexualización de su imagen. Así, por ejemplo, si nos retrotraemos algunas décadas, pueden observarse anuncios controvertidos en la primera de estas temáticas, como los realizados por la compañía Mini, por Volkswagen para el modelo Escarabajo. Yendo más atrás en el tiempo, respecto a no entender sobre automóviles, en el anuncio publicado por Willys con el modelo Aero, o mujeres dependientes de sus maridos e incapaces de tomar decisiones, como en el anuncio del Audi Fox. En España también existieron anuncios de este tipo, como el referido al SEAT 600.

La publicidad de Mini, en esencia, se explotaba la idea de la incapacidad femenina —preconizada por gran parte de la población durante demasiado tiempo, olvidando probablemente, o desconociendo, que el primer viaje en automóvil fue protagonizado por una, Berta Benz, en unas condiciones mucho más complejas que las actuales o las de la época de publicación de estos anuncios— para la conducción. La compañía Mini mostraba en primer plano el rostro de una mujer con visible preocupación respecto a la conducción, agarrando con fuerza el volante, como muestra de inseguridad. Como solución para su tranquilidad, el eslogan del anuncio indicaba que el modelo Mini era automático, para una conducción sencilla.

Respecto al Volkswagen Escarabajo, la compañía alemana ahondaba en la misma idea que la británica del ejemplo anterior, solo que por una vía distinta. Mostraban la imagen de un modelo Escarabajo, abollado en su parte delantera izquierda, con un lema que indicaba que, tarde o temprano, la esposa llevaría a casa la mejor razón para adquirir un Volkswagen, en clara alusión a que había sido ella la causante del accidente. En el subtexto, se añadían lindezas tales como la afirmación de que las mujeres son suaves y dulces, pero que tienen tendencia a chocar con cosas, y que, debido a lo baratos que eran los recambios del automóvil, no había que preocuparse cuando se fuera de compras, pues podía fácilmente cambiarse todo que ella usara para la conducción, incluidos los frenos.

Cuestión semejante empleó la firma Willys. Su anuncio, publicado en 1952, mostraba en primer plano a un hombre con pose altiva y, de fondo, un vehículo anunciado, con la puerta abierta y pose de incredulidad de la esposa, que parece no entender el motivo de alegría del marido. El lema principal del anuncio indicaba, en palabras del marido, que su esposa nunca lo entendería. El subtexto, además, señalaba que, como información interesante para los hombres, llevasen a sus mujeres a una de las exposiciones de la compañía, y ellos se encargarían del resto.

Por su parte, Audi vendió el Fox con esta denominación en Norteamérica, denominándose Audi 80 en Europa. Dado que estuvo disponible a partir de 1972, este anuncio es más reciente que el anterior. En el anuncio al que nos referimos, aparecía el automóvil y una mujer sonriente con el mismo. El problema radicaba en el lema que le acompañaba, pues las letras principales indicaban que se comprase un Audi Fox para la esposa, ya que era su tamaño. Debe señalarse que, si bien el automóvil compartía ciertas similitudes con el Volkswagen Passat, resultando un automóvil de cierto tamaño para los estándares europeos, en Norteamérica era considerado un automóvil de pequeño tamaño. Además, el anuncio también indicaba, en la letra pequeña, que el automóvil le constaría al esposo menos que un visón.

El anuncio del SEAT 600 iba directo al meollo de la cuestión, indicando en el mismo, cuya emisión data de 1957, que había muchas mujeres al volante de un SEAT 600 porque eran vehículos de fácil conducción y mantenimiento.

No obstante, los anuncios de este tipo no son únicamente fruto del pasado, pues también han continuado existiendo en la actualidad, si bien de manera menos evidente o extrema. El más clarificador, en este aspecto, de los últimos años, no tiene relación con el mundo del automóvil, sino que se emitió para la venta de una cámara fotográfica digital, en el año 2012. En él, se mostraba a una mujer sosteniendo la cámara y con visible mirada y pose de no entender su funcionamiento, debido a una inteligencia bastante limitada. La idea que subyacía era que la utilización del nuevo modelo de cámara fotográfica digital de la compañía resultaba tan simple, que incluso una persona como ella podía emplearla sin problemas.

Un poco antes, en 1994, FIAT fue más allá con el concepto de publicidad, llegando a ser denunciado por acoso. La idea publicitaria consistió en el envío masivo de cartas, haciéndose pasar por un supuesto admirador, y remitidas a la dirección postal de varias mujeres en Italia. Los problemas de miedos, celos o cuestiones semejantes supusieron problemas para varias de ellas, ya que la alusión a tratarse de publicidad no ocupaba demasiado espacio en la redacción de dichos mensajes.

Pero la cuestión de la explotación del cuerpo femenino, por su parte, ha sido una constante en la historia y evolución de la publicidad, y las compañías automovilísticas no han sido ajenas a la misma. Podrían indicarse gran cantidad de ejemplos al respecto, pero en lo concerniente a anuncios antiguos, significaremos únicamente el de Pörsche, con su modelo 911, y a Citroën con el BX. En los tiempos actuales, también se han producido muchos anuncios de este tipo, pudiendo destacarse, también a modo meramente ejemplificativo, los del Renault 5 Blue Jeans, el Skoda Octavia, el Lancia Musa o los vehículos usados BMW.

Respecto al caso aludido de Pörsche, en el año 1974 la compañía publicó un anuncio en Alemania en el que se veía la parte trasera de su famoso modelo deportivo 911, con un lema que destacaba que cada curva es un placer. Esa alusión a la conducción, al menos con la información facilitada, podría ser perfectamente legal. El problema deriva en lo que todavía no hemos reseñado, y es que, del vehículo, descendía una mujer que se encontraba posando para la cámara de manera poco natural, forzando su posición para destacar los contornos de su cuerpo.

El caso del Citroën BX se produjo en un anuncio impreso publicado en Reino Unido, en el que se destacaban las líneas corporales y características del Citroën BX 16, visto de perfil. El problema era que, tapando parte del perfil del vehículo, se encontraba una mujer con el cuerpo de espaldas, girada para mirar con la cara a cámara, y cuya única vestimenta era un bikini.

La utilización de mujeres en ropa interior ha sido también una constante, siendo uno de los casos más extremos del anuncio del Triumph TR7 publicado en España. En él, se ve a un hombre vestido con traje y corbata, al vehículo anunciado en una sala, colocado como si fuera una cama de matrimonio en un dormitorio —toda la decoración invita a pensar que se trata de un dormitorio, excepto el vehículo, colocado en lugar de la propia cama—, y una mujer sobre el capó del automóvil, vestida con conjunto de encaje.

Curiosamente, y quizá como respuesta a este anuncio, la firma nipona Mitsubishi empleó algo similar. En el anuncio, se veía en la página izquierda un Pörsche 911, y delante de él una mujer, mirando a cámara, llevando un vestido. El lema indicaba que se tuviera un *affair* con una modelo extranjera, y aparecía en la parte inferior derecha un cuadro en el que podía verse al modelo anunciado, el Mitsubishi Starion, y a la misma mujer, en vista frontal de cintura hacia arriba, llevando en esta ocasión únicamente un sujetador.

El anuncio del Renault 5 Blue Jeans se emitió durante un tiempo en España. La versión Blue Jeans fue un modelo especial que ofertó Renault de su modelo 5, a partir del año 1989. No debe olvidarse que la Ley General de Publicidad se aprobó en el año 1988, encontrándose ya vigente cuando se produjo este anuncio de televisión. En él, se muestra la imagen de un trasero femenino en vaqueros, mientras se indican las características del automóvil; después, la mujer sube al vehículo y puede por fin verse el modelo anunciado. La duración total del anuncio son veinticinco segundos, de ellos, durante los primeros dieciséis, la única toma es la de los vaqueros de la mujer vistos desde atrás.

Por su parte, la firma Skoda quería, en el año 2002, cambiar la percepción que tenía el público de sus productos, y comenzó a implementar ciertos equipamientos de lujo en sus automóviles. Por ejemplo, en el Skoda Octavia se ofrecía un climatizador bizona, que implicaba la posibilidad de estar a temperaturas distintas en función de la parte del habitáculo en que cada uno se encontrase. En una publicidad impresa, la idea que el equipo creativo tuvo para mostrar dicha variación de temperatura consistió en la imagen de un escote femenino, cuyo lado izquierdo definía el pecho, mientras que el izquierdo, además de definirlo, permitía ver cómo se marcaba el pezón. El lema simplemente indicaba que el modelo en cuestión ofrecía como equipamiento el climatizador bizona, sin mayores explicaciones.

Igualmente controvertido fue el anuncio del Lancia Musa. La compañía italiana comercializó este pequeño monovolumen con toques lujosos desde el año 2004 al 2012. Una de sus campañas publicitarias resultó controvertida y debió ser retirada, pues aparecía en la imagen el propio vehículo, en la parte inferior de la página, y en la superior, una mujer. El lema del anuncio —que además, según destacó la propia compañía, estaba dirigido más a un público femenino— era una interrogación, planteándose desde cuándo a alguien la importa si se es bella por dentro.

Curiosamente, en esta misma línea —lo que no es novedoso— pero casi exactamente con la misma frase, ahondó un anuncio más antiguo, de la compañía Palmolive —ningún tipo de relación, por tanto, con el sector automotriz—. En él, aparecía una mujer frente al espejo, pero mirando al público, y se planteaba si muchos hombres preguntaban si era bella, no si era inteligente.

Todavía más controvertido resultó el anuncio que publicó la compañía BMW para promocionar la venta de sus automóviles usados, en el año 2008. En él, aparecía una mujer con mirada y gesto sugerente, con un lema que indicaba que se era consciente de no ser el primero, y se planteaba si era algo realmente importante.

También, respecto a cuestiones de género, han sido controvertidos algunos anuncios por perpetuar los estereotipos de género. En este sentido, se prohibió un anuncio de Volskwagen, anunciando su modelo e-Golf, en el año 2019, por decisión de la *Advertising Standards Authority*. El anuncio tenía, inicialmente, un carácter inspirador, pues el lema era «*Podemos lograr cualquier cosa*», y en él se mostraban distintas personas logrando cosas excepcionales. Así, en primer lugar aparecían una pareja de escaladores, cerrando su tienda de campaña, que se encontraba colgada en la montaña; después, dos astronautas en el interior de una nave espacial, mostrándose la ingravidez y, más tarde, un deportista paralímpico realizando un salto de longitud. En la última secuencia, aparecía el automóvil anunciado, pasando por delante de una mujer que estaba leyendo en un banco, con un carrito de bebé al lado. Se consideró que esta secuencia era la que perpetuaba los roles de género, lo que invita a pensar que, de haberse tratado de una mujer realizando algún deporte, o de un hombre sentado cuidando a su bebé, no habría existido problema alguno. Pero, cabe preguntarse si se habría indicado también la retirada si hubiera sido un hombre quien apareciera, por ejemplo, en traje de negocios o como albañil en una obra.

Otra de las cuestiones problemáticas en los anuncios, y que no se permite en la actualidad, es mostrar a menores de edad en situaciones de riesgo, lo que debe evitarse excepto que resulte imposible[38]. Existen ejemplos de antaño, como el del SEAT 600, pero también recientes de anuncios prohibidos por esta cuestión, entre los que podemos destacar los del SEAT Arona, Volkswagen para anunciar su cambio de marchas DSG y Volkswagen Polo.

El anuncio del SEAT 600 se emitió a modo de documental. Se presentaba a la familia Alcaide, matrimonio propietario de un SEAT 600, con el que realizaban los viajes a su lugar de vacaciones, junto a sus diecinueve hijos. Cuando informaban del secreto para poder ir de viaje, el

38 Por ejemplo, en los anuncios realizados por algunas organizaciones internacionales para solicitar ayuda para la lucha contra la desnutrición infantil, sí está permitido poner imágenes de niños desnutridos, siempre y cuando no sean niños a los que se prive de alimento para ello.

padre indica que, al ser sólo sesenta kilómetros, realizaba tres viajes y no existían problemas.

En alusión al caso del SEAT Arona, el mismo resultó muy polémico, estando poco tiempo en emisión en televisión. Esto se produjo por dos cuestiones distintas, situadas a caballo entre el supuesto que tratamos ahora y el de sexualización de la mujer. En el anuncio, a un hombre le regalan el vehículo, que utiliza para su vida cotidiana, viéndose que la primera parada es la recogida de los niños en el colegio. Cuando se encuentra aparcado en la puerta del mismo, en el interior del vehículo, tres chicas jóvenes —se entiende, estudiantes del colegio o instituto, pero menores de edad— salen por la puerta, una de ellas con un vestido corto. Pasan por detrás del automóvil, que dispone de cámara trasera, lo que aprovecha el conductor para esconderse en el habitáculo y mirarlas con la cámara. Esta escena se sitúa, por tanto, como problemática desde la sexualización de las mujeres, pero todavía resulta mucho más grave si se interpreta, y así puede hacerse, que las mujeres que aparecen son menores.

El problema del anuncio del cambio DSG de Volkswagen fue distinto. Es un ejemplo de anuncio que intentaba ser simpático y original, pero que debió retirarse por poner en peligro la salud de un menor. En él, aparecen dos niños jugando a estar conduciendo, sentados en las escaleras de acceso a su casa. Uno de ellos, que simula conducir un vehículo con caja de cambios manual, deja de simular estar acelerando, cesando en el ruido cuando cambia de marchas, y respirando al parar. En cambio, el otro, que está imaginándose conduciendo un automóvil de Volkswagen con DSG, no tiene que cambiar de marcha, de modo que no para a respirar y continúa simulando el ruido de aceleración. El anuncio terminaba con el niño poniéndose rojo por el esfuerzo de no dejar de acelerar, y se consideró que esto ponía en riesgo la salud del menor, y que podía además alentar a otros menores a realizar esta práctica.

Encontramos, después, también de la misma firma, el anuncio del Volkswagen Polo. El anuncio se emitió en

2018, sin ningún problema en España, pero resultando prohibido en Reino Unido, por alentar a la práctica poco atenta y excesivamente confiada en los dispositivos electrónicos del automóvil. En el mismo, un niño, desde pequeño, realiza acciones peligrosas con los distintos vehículos que tiene, comenzando por el triciclo infantil y finalizando con la motocicleta, mientras su padre lo observa desde la ventana, yendo en varias ocasiones al hospital. Después, con el modelo anunciado, inicia la conducción, con su padre sentado en el asiento del copiloto. Como conductor con poca práctica, está próximo a tener varios accidentes, solventados con las ayudas electrónicas a la conducción incorporadas en el automóvil. No obstante, el anuncio también podía alentar en los menores la realización de este tipo de prácticas.

También existió otro anuncio reciente de Volkswagen que debió ser retirado por poner en peligro a un menor, y que igualmente se emitió en España. En el anuncio, un menor disfrazado del personaje Darth Vader intenta simular la capacidad de mover objetos sin tocarlos de la saga cinematográfica. En la escena final, se pone frente al vehículo de su padre, quien acciona el mando para que el automóvil encienda los intermitentes y lo que se consideró la parte peligrosa, pues el vehículo encendía el motor, con el menor frente al automóvil.

Respecto a la información engañosa, han sido múltiples los anuncios que han sido denunciados por las organizaciones de consumidores y usuarios por mostrar un precio de venta notablemente inferior al real, o incluso un consumo menor al producido en conducción real. Por ello, en la actualidad debe identificarse cómo se ha obtenido el promedio anunciado sobre el consumo. En el mismo sentido, también existió hace años polémica por la información ofrecida sobre el vehículo, el precio anunciado y la imagen mostrada del automóvil. Habitualmente, solía mostrarse el equipamiento y la fotografía de la versión superior de gama, pero se ofrecía el precio de la versión de acceso.

En el mismo sentido, también existen algunos términos que no pueden utilizarse en la publicidad, por inducir a engaño al consumidor. En Alemania, por ejemplo, se ha prohibido a Tesla promocionar los conceptos de conducción autónoma y piloto automático, ya que se entiende que inducen a error al consumidor, pues los automóviles vendidos por la compañía no ofrecen realmente estas prestaciones, requiriendo la intervención del conductor, lo que no parece necesario si se atiende a la denominación del equipamiento.

Como hemos señalado anteriormente, otra cuestión problemática en la publicidad es el respeto a la imagen de los competidores. Si bien es algo que resulta mucho más importante en la publicidad comparativa —pues habitualmente cuando las marcas de automóviles anuncian sus vehículos, utilizan modelos propios o los modifican para que la competencia no pueda quejarse por ello, si bien en ocasiones resultan perfectamente identificables por un aficionado—, encontramos un caso producido en un anuncio que no buscaba comparación alguna. Se produjo con la compañía Hyundai, que anunciaba su Veloster.

En el anuncio, un vehículo se detiene en la carretera, la pasajera de la fila trasera sale del automóvil por el lado izquierdo, que da a la vía, y resulta atropellada por un camión, apareciendo la parca para llevársela. En cambio, cuando circulan con el Hyundai Veloster, como carece de puerta trasera en el lado izquierdo, por ser el que da a la circulación y el peligroso, abandona el vehículo por el lado del arcén, el derecho, y es la parca quien resulta atropellada. Se destacan las bondades y seguridad de la disposición asimétrica de las puertas en el modelo. El problema estriba en que se podía perfectamente identificar el primer vehículo, siendo de la competencia, un Ford Focus. La compañía Ford se quejó al respecto, y logró que el anuncio no pudiera continuar en emisión.

Como última cuestión a destacar respecto a la publicidad, deben señalarse aquellos anuncios que han sido retirados por la inducción a realizar, o la propia realización, de prácticas peligrosas —como ocurrió con el anuncio del menor que simulaba conducir un automóvil sin marchas, salvo que ahí tenía prioridad poner en peligro a un menor—. En lo referente a estas prácticas peligrosas, pueden reseñarse anuncios cuyo problema radica en prácticas realizadas al margen del ámbito de la conducción, y otras en las que el problema estriba en el modo de conducir o los consejos dados para realizar dicha tarea —podríamos derivarnos, en esta ocasión, a la compañía que recomendaba un vaso de alcohol antes de la conducción, por ejemplo—.

Respecto a las primeras, aquellas que tienen lugar fuera de la propia conducción, debe aludirse a la compañía Hyundai, con dos anuncios que llegaron a emitirse, por un tiempo limitado, en nuestro país, y que se produjeron cuando realizaron el lanzamiento de sus automóviles de cero emisiones. Para poner en valor la inexistencia de emisiones, quienes aparecían en los mismos realizaban acciones claramente peligrosas para su salud, tanto que podían conllevar la muerte, y podían inducir a algunas personas a practicarlas, especialmente en lo relativo al suicidio.

La campaña consistió en un anuncio publicado en revistas, y otro emitido en televisión. En el primero, una famosa atleta corría en una máquina, dentro de una burbuja, que se encontraba conectada al tubo de escape de uno de los automóviles de cero emisiones de Hyundai. La campaña emitida en televisión ahondaba en la misma idea, llevándola al extremo. En dicho anuncio, un hombre se encontraba en el interior del vehículo, en su garaje, con el automóvil cerrado y el motor en marcha, en clara alusión a los suicidios realizados mediante dicha técnica. La imagen se fundía a negro y lo siguiente que se veía era el exterior de la casa, con la puerta del garaje abriéndose y el hombre andando en perfectas condiciones pues, dado que el vehículo no emitía gases nocivos, no había logrado suicidarse.

En lo concerniente a prácticas peligrosas durante la conducción, podríamos hacer un amplio acopio de ejemplos, pero limitaremos los mostrados a unos pocos. Antaño, por ejemplo, en España, se emitieron anuncios controvertidos a este respecto, como los emitidos en televisión respecto al Simca 1000 y el Citroën Dyane 6, o los publicados en revistas para el SEAT 124 S.

Si nos referimos al del Simca 1000, se trata de un anuncio publicado en prensa. Puede observarse al automóvil en primer plano, con el mar de fondo. El problema estriba en su texto, pues se indica que «*Lo de menos es su línea. (…). Ponga la primera y acelere: 45. Segunda: 80. Y 185 en quinta. Mire el reloj. Han pasado exactamente 40 segundos. Ahora relájese, encienda un cigarrillo…*». Evidentemente, el consejo de conducción no resultaría adecuado en la actualidad, ni por la velocidad alcanzada, ni por dejar de prestar atención a la carretera para el encendido del cigarro o soltar las manos del volante.

Respecto del Citroën Dyane 6, el anuncio nos muestra al conductor y a su suegra y, mientras ella va intentando encontrar los problemas al vehículo, él le dice las características del automóvil para sacarla de dudas, mientras conduce realizando maniobras peligrosas, para destacar la capacidad del coche.

En referencia al SEAT 124 S, se trata de un anuncio publicado en prensa. Puede observarse al automóvil en primer plano, con el mar de fondo. El problema estriba en su texto, pues se indica que «*Lo de menos es su línea. (…). Ponga la primera y acelere: 45. Segunda: 80. Y 185 en quinta. Mire el reloj. Han pasado exactamente 40 segundos. Ahora relájese, encienda un cigarrillo…*». Evidentemente, el consejo de conducción no resultaría adecuado en la actualidad, ni por la velocidad alcanzada, ni por dejar de prestar atención a la carretera para el encendido del cigarro o soltar las manos del volante.

En la actualidad, también pueden encontrarse anuncios que fomentan actitudes peligrosas al volante, pero hoy día la existencia de estos elementos implica la automática prohibición de emisión de los mismos, resultando, no obstante, más sutiles que los emitidos antaño. Así, podemos encontrar, a modo ejemplificativo, los casos de BMW y Land Rover.

Respecto al BMW, en este caso en cuestión, se consideró peligroso el sonido de aceleración que podía escucharse, por entenderse que fomentaba la conducción temeraria. Se emitió una queja por parte de un consumidor, y el regulador inglés optó por retirarlo, incluso aunque después BMW demostró que el vehículo se encontraba en estático cuando se realizó la grabación, que se hizo para un anuncio radiofónico.

En el caso de Land Rover, nuevamente fue la autoridad inglesa la que encontró problemático este anuncio, que mostraba al nuevo Land Rover Defender, en un mundo que parecía el idóneo para que el vehículo demostrase sus capacidades todo terreno y se refiriera con nostalgia a sus orígenes —aparecían rodeando, mientras circulaban, un monumento erigido a la primera generación del modelo—. Atravesaban ríos, dunas y demás accidentes geográficos del territorio, pero la problemática apareció con su escena final, en la que el Defender se dirige marcha atrás hacia el borde de un acantilado, para ocupar una de las plazas habilitadas para aparcar, pudiendo observarse cómo su cámara trasera muestra perfectamente la distancia restante. Se entendió que la escena era peligrosa, especialmente porque se dejaba el vehículo muy cerca del precipicio. El anuncio ha continuado emitiéndose, con esta escena resultando todavía visible, pero no en su parte final, sino mostrando el automóvil más alejado del precipicio de lo que ocurría en el montaje original.

La regulación, como ha podido observarse, se encuentra mucho más desarrollada hoy día, con el objetivo de evitar cualquier tipo de engaño a los consumidores, pero también resulta preciso que dichos anuncios no fomenten prácticas peligrosas, especialmente en lo referente a los menores, más susceptibles de realizar acciones observadas en los distintos medios de información. Por ello, se tiende a la sobreprotección, ordenándose la retirada de cualquier anuncio que fomente o pueda fomentar alguna acción con potencial peligrosidad. En España existe un órgano que se encarga, incluso, de revisar los anuncios antes de su emisión, para verificar que son correctos según la normativa, cual es Autocontrol, cuya afiliación resulta voluntaria para las empresas.

Made in United States
Orlando, FL
04 November 2026

90206076R00109